Début d'une série de documents
en couleur

DE
L'INCONSCIENCE

PAR

J^h-EMILE FILACHOU
Docteur ès-Lettres

Rien n'est vrai, rien n'est faux, si l'*expression* n'est juste ;
Par elle le *sujet* se démêle et s'ajuste.

MONTPELLIER | PARIS
BEAUMEVIELLE (Anc. Maison Seguin) | DURAND ET PEDONE-LAURIEL
Rue Argenterie, 25 | Rue Cujas, 9

1890

SUITE DES OUVRAGES DU MÊME AUTEUR

Études de Philosophie Naturelle

N° 1 SYSTÈME DES TROIS RÈGNES DE LA NATURE. In-12. 1864.

N° 2. RÉPONSE DIRECTE A M. RENAN, OU DÉMONSTRATION PHILOSOPHIQUE DE L'INCARNATION. 1 vol. in-12.. 1864.

N° 3. DE L'EXPÉRIENCE DE MONGE AU DOUBLE POINT DE VUE EXPÉRIMENTAL ET RATIONNEL. 1 vol. in-12. 1869 (3° édition).

N° 4. DE L'ORDRE ET DU MODE DE DÉCOMPOSITION DE LA LUMIÈRE PAR LES PRISMES. 1 vol. in-12. 1870.

N° 5. DE L'ORDRE ET DU MODE DE DÉCOMPOSITION DE LA LUMIÈRE PAR LES PRISMES. Nouvelles preuves à l'appui. In-12.

N° 6. SENS ET RATIONALITÉ DU DOGME EUCHARISTIQUE. In-12.

N° 7. DÉMONSTRATION PSYCHOLOGIQUE ET EXPÉRIMENTALE DE L'EXISTENCE DE DIEU. 1 vol. in-12. 1873.

N° 8. DE L'ORDRE ET DU MODE DE DÉCOMPOSITION DE LA LUMIÈRE PAR LES BORDS MINCES. 1 vol. in-12.

N° 9. LE SYSTÈME DU MONDE EN QUATRE MOTS. 1 vol. in-12.

N° 10. CLASSIFICATION RAISONNÉE DES SCIENCES NATURELLES. 1 vol. in-12.

2° Série : N° 1. LA MÉCANIQUE DE L'ESPRIT CONFORME AUX PRINCIPES DE LA CLASSIFICATION RATIONNELLE. 1 vol. in-12.

N° 2. ORGANISATION ET UNIFICATION DES SCIENCES NATURELLES. 1 vol. in-12.

N° 3. L'HISTOIRE NATURELLE ÉCLAIRÉE PAR LA THÉORIE DES AXES (avec planche). 1 vol. in-12.

N° 4. LA MÉCANIQUE DE L'ESPRIT PAR LA TRIGONOMÉTRIE. 1 vol. in-12.

N° 5. LA CLASSIFICATION RATIONNELLE ET LE CALCUL INFINITÉSIMAL. 1 vol. in-12.

N° 6. LA CLASSIFICATION RATIONNELLE ET LA PHÉNOMÉNOLOGIE TRANSCENDANTE (avec planche). 1 vol. in-12.

N° 7. LA CLASSIFICATION RATIONNELLE ET LA GÉOLOGIE (avec planche). 1 vol. in-12.

N° 8. LA CLASSIFICATION RATIONNELLE ET LA PRAGMATOLOGIE PSYCHOLOGIQUE. 1 vol. in-12.

N° 9. LA CLASSIFICATION RATIONNELLE ET LA PNEUMATOLOGIE MÉCANIQUE. 1 vol. in-12.

N° 10. ÉLÉMENTS DE PSYCHOLOGIE MATHÉMATIQUE. 1 vol. in-12.

3° Série : N° 1. IDENTITÉ DU SUBJECTIF ET DE L'OBJECTIF (avec planche). 1 vol. in-12.

N° 2. LE VRAI SYSTÈME GÉNÉRAL DE L'UNIVERS. 1 vol. in-12.

N° 3. ORIGINE DES MÉTÉORITES ET AUTRES CORPS CÉLESTES. 1 vol. in-12.

SUITE DES OUVRAGES DU MÊME AUTEUR

N° 4. SOURCES NATURELLES DU SURNATUREL. 1 vol. in-12.
N° 5. PRODROME DE CHIMIE RATIONNELLE. 1 vol. in-12.
N° 6. DU PREMIER INSTANT DANS LA SÉRIE DES ÊTRES ET DES ÉVÉNEMENTS. 1 vol. in-12.
N° 7. FINS ET MOYENS DE COSMOLOGIE RATIONNELLE. 1 vol. in-12.
N° 8. DE LA CONTRADICTION EN PHILOSOPHIE MATHÉMATIQUE. 1 vol. in-12.
N° 9. DU PÉCHÉ ORIGINEL ET DE SON IRRÉMISSIBILITÉ. 1 vol. in-12.
N° 10. TRANSCENDANCE ET VARIABILITÉ DES IDÉES RÉELLES. 1 vol. in-12.
4° Série : N° 1. GRACE ET LIBERTÉ, FONDEMENT DU MONDE VISIBLE. 1 vol. in-12.
N° 2. COMMENTAIRE PHILOSOPHIQUE DU PREMIER CHAPITRE DE LA GENÈSE. 1 vol. in-12.
N° 3. ERREURS ET VÉRITÉS DU TRANSFORMISME. 1 vol. in-12.
N° 4. DU DEVENIR ET DE LA NATURE DES CORPS EN GÉNÉRAL. 1 vol. in-12.
N° 5. NOUVELLES CONSIDÉRATIONS SUR LES CORPS CÉLESTES EN GÉNÉRAL ET EN PARTICULIER. 1 vol. in-12.
N° 6. PRINCIPES DE COSMOLOGIE. 1 vol. in-12.
N° 7. PRINCIPES DE GÉOLOGIE. 1 vol. in-12.
N° 8. LE MONDE RÉEL, OU DIEU, L'ANGE, L'HOMME. 1 vol. in-12.
N° 9. PRINCIPES DE PHYSIOLOGIE. 1 vol. in-12.
N° 10. LES TROIS CENTRALITÉS (avec planche). 1 vol. in-12.
5° Série : N° 1. DU MOUVEMENT HYPERBOLIQUE ET DE SES APPLICATIONS. 1 vol. in-12.
N° 2. VARIATION DES FACULTÉS. 1 vol. in-12.
N° 3. DE LA CONFUSION DES LANGUES. 1 vol. in-12.
N° 4. LES TROIS GENRES DE LUMIÈRE OBJECTIVE. 1 vol. in-12.
N° 5. BASE RATIONNELLE D'UNE THÉORIE MÉCANIQUE DE LA MATÉRIALITÉ. 1 vol. in-12.
N° 6. DE LA PARTHÉNOGÉNÈSE. 1 vol. in-12.
N° 7. LA VIE ASTRALE. 1 vol. in-12.
N° 8. PRINCIPES DE PHYSIQUE SOLAIRE. 1 vol. in-12.
N° 9. PRINCIPES DE PSYCHO-PHYSIQUE STELLAIRE. 1 vol. in-12.
N° 10. VUE DU MONDE ET DES ÊTRES EN CUBE. 1 vol. in-12.
N° 11. PREMIER CHAPITRE DE PHYSIOLOGIE VITALISTE, LES GÉNÉRALITÉS. 1 vol. in-12.

Montpellier. — Typ. Louis Grollier père.

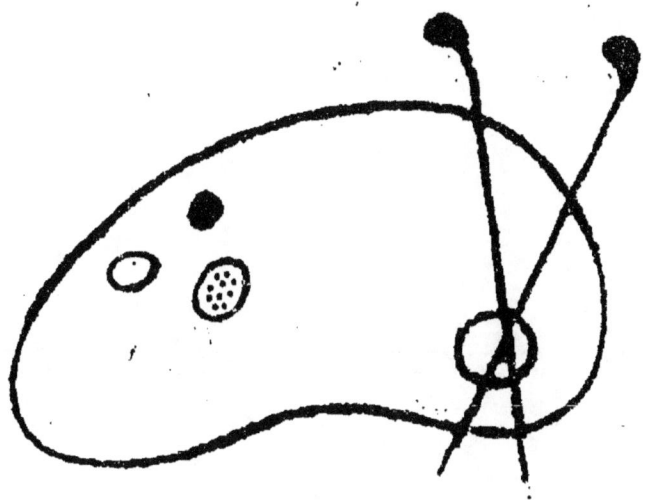

Fin d'une série de documents en couleur

DE

L'INCONSCIENCE

POUR PARAITRE SUCCESSIVEMENT

N° 2 ROLES INVERSES DU PUNCTUM CÆCUM ET DE LA TACHE JAUNE. 1 vol. in-12.

N° 3. ÉGAREMENTS ET REDRESSEMENTS DE LA SCIENCE MODERNE. 1 vol. in-12.

N° 4. CORRÉLATIONS DES PRINCIPES COSMIQUES : FORCE, RAISON, VERTU. 1 vol. in-12.

N° 5. LES DEUX CENTRALITÉS, RUDIMENTS DU MONDE INVISIBLE. 1 vol. in-12.

N° 6. DU PARALLÉLISME ENTRE LA LOGIQUE ET LA PHYSIQUE. 1 vol. in-12.

N° 7. LE MAGNÉTISME DÉMONTRÉ EN PRINCIPE. 1 vol. in-12.

N° 8. LE MAGNÉTISME CONSIDÉRÉ DANS SON FONCTIONNEMENT. 1 vol. in-12.

N° 9. LES DEUX MAGNÉTISMES CRISTALLIN ET ANIMAL. 1 vol. in-12.

N° 10. LA FEMME. 1 vol. in-12.

7° Série : N° 1. DE L'ÉLECTRICITÉ: SON ORIGINE; SA NATURE; SES PROCÉDÉS. 1 vol. in-12.

N° 2. DE LA CONTROVERSE RELIGIEUSE EN GÉNÉRAL ET DU DÉLUGE UNIVERSEL EN PARTICULIER. 1 vol. in-12.

N° 3. SYSTÈME RATIONNEL DE GÉOLOGIE. 1 vol. in-12.

N° 4. DE LA LUNE ET CONSORTS. 1 vol. in-12.

N° 5. DU NÉBULAIRE CÉLESTE EN GÉNÉRAL. 1 vol. in-12.

En vente chez SEGUIN, libraire

Rue Argenterie, 25, à Montpellier

OUVRAGES DU MÊME AUTEUR

EXAMEN DE LA RATIONALITÉ DE LA DOCTRINE CATHOLIQUE. 1 vol. in-8. 1849.

LA CLEF DE LA PHILOSOPHIE, OU LA VÉRITÉ SUR L'ÊTRE ET LE DEVENIR. 1 vol. in-8. 1851.

TRAITÉ DES FACULTÉS. 1 vol. in-8. 1859.

DE CATEGORIIS. DISSERTATIO PHILOSOPHICA. 1 vol. in-8. 1859.

PRINCIPES FONDAMENTAUX DE PHILOSOPHIE MATHÉMATIQUE. 1 vol. in-8 1860.

DE LA PLURALITÉ DES MONDES. 1 vol. in-12. 1861.

TRAITÉ DES ACTES. Sommaire de Métaphysique. In-12. 1862.

LA LÉVITATION ET LA REVUE SCIENTIFIQUE. 1 vol. in-12. 1886.

LA CLEF DE LA SCIENCE EN L'APPAREIL THORE. 1 vol. in-12. 1887.

IDENTITÉ DE LA NOUVELLE FORCE THORE ET DU MAGNÉTISME ANIMAL. 1 vol. in-12. 1888.

DU VITALISME EN PHYSIOLOGIE COMME SCIENCE. 1 vol. in-12. 1888.

LES SECTIONS CONIQUES EN PHYSIOLOGIE RATIONNELLE. 1 vol. in-8. 1888.

DES SÉRIES EN PHYSIOLOGIE RATIONNELLE. 1 vol. in-8. 1888.

COSMOLOGIE ET VITALISME SOUS MÊME FORMULE GÉNÉRALE. 1 vol. in-12.

DE LA SUPERPOSITION DES PUISSANCES EN REPRÉSENTATION INTERNE EXTERNE. 1 vol. in-12.

DES VRAIS MILIEUX ET DE LEURS ROLES. 1 vol. in-12.

DE
L'INCONSCIENCE

PAR

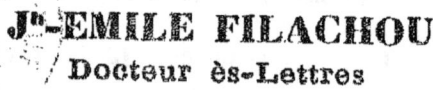
J.-EMILE FILACHOU
Docteur ès-Lettres

Rien n'est vrai, rien n'est faux, si l'*expression* n'est juste ;
Par elle le *sujet* se démêle et s'ajuste.

MONTPELLIER	PARIS
BEAUMEVIELLE (Anc. Maison Seguin)	DURAND ET PEDONE-LAURIEL
Rue Argenterie, 25	Rue Cujas, 9

1890

Montpellier, typographie Louis Grollier père, boulevard du Peyrou

AVANT-PROPOS

Distinguer, de la *conscience*, une *sous-* et *sur-conscience*, c'est s'exprimer métaphoriquement; nous parlerons sans figure.

Suivant nous, l'Inconscience n'embrasse point dans son domaine toute l'Objectivité jusque dans ce qu'elle a d'intime ou même d'apparent, mais elle en embrasse seulement ce qui s'ajoute au *sensible* apparent ou réel comme étranger, et par *jugement* ou *raison*, sans, par conséquent, en faire pour cela partie proprement dite. Nous réduisons en principe ce complément du *sensible* (toujours *conscient* et seul *essentiel* en lui-même), à l'*étendue* et à l'*inertie* des corps matériels, c'est-à-dire, à leurs *dimensions formelles* ou *virtuelles*.

Dans cette manière de voir, ni la *parole* ni même la *peinture* ne mériteraient d'être comprises au nombre des choses inconscientes; car, indépendamment de ce qu'elles tombent sous le *sens* externe, on en perçoit encore équivalemment le *sens* interne. Mais la *sculpture* et toute l'analogue *matérialité* dont nous avons la perception objective sans pouvoir jamais leur attribuer une *essence propre*, rentrent au contraire, et pour cette dernière raison, dans la classe des choses inconscientes ou dépourvues de sens réel.

Nous voyons donc l'inconscience là où, sinon tout sens, au moins le *sens* interne ou subjectif fait défaut, et où l'on supplée par *jugement* ou *raison* à ce défaut de conscience actuelle ; et c'est en nous plaçant à ce point de vue que nous prétendons aussi comme résolues d'avance toutes les questions de *conscience rétrécie*, de *perceptivité sourde*, de *redoublement* ou de *multiplication de personnalité* même, qu'agitent aujourd'hui tous les psychologues physiologistes, sans pouvoir se flatter de jamais en assigner la solution.

Veut-on savoir, du reste, le parti très avantageux que nous offre maintenant la réduction une fois obtenue de tous les faits d'*inconscience*, en *grandeur* et *force:* nous pouvons l'indiquer en quelques mots. Le classement des êtres en système *ternaire* se fait aisément au moyen des notions de *distinction* et d'*identité* qui nous permettent de les diviser, par la distance, en célestes et terrestres ; leur corrélation en système *binaire* n'est pas moins saillante, lorsqu'on prend en considération les notions d'*âge* ou de *sexe*. Le rapprochement des êtres en système *unitaire* s'effectuerait, au contraire, avec la plus grande difficulté, si l'on ne pouvait traduire en *conscientes* les notions *inconscientes* de *grandeur* extensive ou de *force* physique qui nous en fournissent le moyen logique ; et cette conversion s'opère alors en voyant dans les différentes sortes de grandeurs extensives, des *flux*, et dans les différentes sortes de forces physiques, des *gravités :* deux déterminations *subjectives* identiques aux deux *objectives* ailleurs (*Des vrais milieux*, page 78) désignées par nous sous les noms de *poses* et de *mouvements*.

DE
L'INCONSCIENCE

1. La création est l'*acte* par lequel tout ce qui se superpose subjectivement, se distingue et dissémine objectivement. La même *activité* qui fait l'un, doit pouvoir faire l'autre. Tout sera donc compris à cet égard, si nous pouvons comprendre le double jeu de l'*activité* comme *être*, ou de l'*être* comme *activité*, pour préalable identité radicale des deux.

L'Être étant l'Activité, si nous le concevons passant en exercice soit nécessaire, soit accidentel, il change évidemment à nos yeux d'état par deux procédés alors indispensables, qui sont, ou ceux de *position* et d'*enlèvement*, quand il se borne à varier absolument avec alternation de 1 à 0 ou de 0 à 1, ou bien encore ceux d'*involution* et d'*évolution*, quand la variation s'en effectue par *degrés* plus ou moins distincts, l'amenant tantôt progressivement de petit à grand ou de $\frac{1}{\infty}$ à $\frac{\infty}{1}$, et tantôt régressivement de grand à petit ou de $\frac{\infty}{1}$ à $\frac{1}{\infty}$. Dans le premier de ces deux cas, les deux états consécutifs en sont ceux extrêmes d'*être* et de *non-être*; dans le second, il en survient, entre ces deux extrêmes, un troisième indéfiniment multipliable, dont l'introduction suffit même pour en modifier singulièrement l'aspect, en faisant de l'un de ces extrêmes un *élément* ou *principe* quand l'autre extrême s'approprie les rôles inverses de *principe* ou d'*élément*; car il faut, pour expliquer l'intervention du tiers admis, que, si la variation s'effectue *passivement* en l'extrême accidentellement réputé croître ou décroître, la cause déterminante *active* en existe ou coexiste chez l'autre extrême présupposé de son côté la produire. Au milieu de tous ces changements, l'Activité ne peut cependant être jamais censée cesser d'être ce qu'elle est *absolument* en elle-même, mais seulement s'offrir sous divers aspects *relatifs* alternants ou réciproques, témoignant de sa vitalité propre, non d'une caducité quelconque; et c'est ainsi qu'on la conçoit comme progressive, parcourant les divers degrés d'état initial *imaginaire* $= 1^0$, *initial* réel $= 1^1$, *moyen* réel $= 1^2$, *final* réel $= 1^3$, ou bien, comme régressive, repassant par les mêmes degrés 1^3, 1^2, 1^1, 1^0. Par cette échelle tour à tour ascendante ou descendante de degrés, l'Activité n'accuse déjà néanmoins, pour ainsi parler, qu'en *altitude* sa puissance de variabilité primordiale ; et, si la variabilité ne lui répugne point en *altitude*, elle ne doit pas lui répugner davantage en *latitude* ni *longitude*. De ces deux dernières sortes de variation, la plus ou plus-tôt assimilable à la précédente réalisée en *altitude* est la réalisable en *longitude* ; car les mêmes degrés attribués en altitude à l'Activité lui sont pareillement attribuables — au sens près — en longitude, pour la faculté qu'elle a de se porter d'arrière en avant ou d'avant en arrière, aussi bien que de bas en haut ou de haut en bas ; c'est pourquoi, quoique bien discernables en principe, ces deux modes spéciaux d'exercice ne le sauraient être de fait, ou *vice versâ*. Au contraire, et sans être incompatible avec la double variation alternante ou réciproque tant en altitude qu'en longitude, le fonctionnement en latitude se caractérise par une toute autre manière d'être ou d'opérer, impliquant — en même temps qu'une au moins plus complexe opposition que celle des *degrés* — une entière immanence de détermination relative qui lui méritela dénomination de *genre* fixe multiple, et — comme alors triple — figurable par les trois expressions 1^3_s, 1^3_i, 1^3_c, emblèmes respectifs des trois Exercices généraux dits sensible, intellectuel et spirituel. Soit donc l'Activité radicale simultanément saisie des deux mouvements d'ailleurs indépendants l'un de l'autre de hausse et de baisse entre le haut et le bas, ainsi que de progrès et de regrès entre l'arrière et l'avant : en la supposant toujours appliquée sous les deux aspects contradictoires et néanmoins aussi simultanés, tandis qu'elle fonctionne des deux côtés ou comme *principe* avec la petitesse initiale et concomitante d'*élément*, ou comme *élément* avec la grandeur initiale et concomitante seulement encore de *principe*, elle se démontre à la fois décroissante au fur et à mesure de son approche de *principe* à *fin*, et croissante au fur et à mesure de sa conversion d'élément à tout ; mais, effectuant à la fois ces deux revirements avec toute l'indépendance qui convient à des mouvements rectangulaires et contraires, elle ne va point en baisse ou hausse, ainsi qu'en regrès ou progrès, sans décrire sous ces deux aspects deux sortes de *courbes* circulaires où ses décroissements et ses accroissements superposés en l'une interceptent ceux accomplis en l'autre, comme s'interceptent, par exemple, en la propagation de la lumière, les deux courbes *horizontale* de vibration et *verticale* de polarisation, dont la première contient le mouvement d'arrière en avant, et la seconde contiendrait l'aller et venir par hausse ou baisse ; ses deux fonctionnements s'opèrent donc en deux plans situés, l'un dans la direction du rayon visuel comme le plan de polarisation, et l'autre dans le plan horizontal de vibration normal au précédent, et par suite il reste loisible à l'Activité de s'exercer encore *latitudinairement* dans un troisième plan circulaire normal aux deux précédents comme le cercle *méridien* l'est aux deux cercles *équatorial* et *horizontal*; auquel cas il est bien évident que, comme la hausse et la baisse ou le progrès et le regrès s'effectuent en *altitude* ou *longitude* dans les deux cercles analogues aux deux derniers *équatorial* et *horizontal*, le troisième fonctionnement faisant suite aux deux précédents est et ne peut être réalisable qu'en *latitude* dans un cercle tel que le *méridien* ayant ses pôles aux deux points opposés où s'accomplit, à même distance du plan équatorial, sa double intersection avec l'horizontal.

Le fonctionnement en *latitude*, survenant au moins imaginairement toujours à la suite des deux précédents en altitude et longitude, est comparable, dans son plan circulaire *méridien*, au cavalier ayant pour siège le plan équatorial et pour étriers les points d'intersection du méridien avec l'horizontal ; et, si nous lui préposons ainsi les deux autres modes analogues d'exercice en plan horizontal et équatorial, ce n'est point avec la pensée d'exclure tout autre mode d'emploi successif des mêmes plans, mais seulement en vue d'articuler celui de ces modes qui mérite actuellement la préférence pour être seul apte à rendre compte de l'emploi simultané de ces plans au moment où le plus ou même le seul en évidence doit être le circulaire *méridien* embrassant toute la sphère de haut en bas et d'arrière en avant, en appuyant d'ailleurs finalement et constamment tant à gauche qu'à droite de son point médian d'application. Les choses étant ainsi, comme nous n'avons alors en vue qu'un cas particulier parmi les trois possibles avec les mêmes plans circulaires dont aucun n'est moins propre à figurer en chef ou principal que les deux autres, nous n'y pouvons conséquemment rattacher ou rapporter qu'un *genre* particulier parmi les trois possibles et désignés précédemment, lequel est alors le premier d'entre eux ou le genre *sensible*, et la raison en est manifeste. Assignant pour siège principal actuel au genre *Sens* le cercle *méridien* alors sous-tendu de près par l'horizontal et de loin par l'équatorial (sinon *vice-versâ*) avec spéciale attribution du mouvement de hausse ou de baisse à ce dernier et de progrès ou de regrès au précédent, nous suivons en cela l'ordre même naturel des forces physiques préposant l'*attractive* centripète aux deux autres *répulsive* et *impulsive;* et l'attractive frayant ainsi les voies à la répulsive et à l'impulsive, au cas où les deux associées en couple se balancent en rectangulaires, la résultante n'en peut être qu'une disposition tendantielle à s'employer ou se mouvoir, en tiers plan méridien et dans toutes les conditions requises, de l'un à l'autre pôle. En donnant donc le pas à l'action attractive centripète et lui subordonnant les deux autres sortes d'action répulsive et impulsive, nous centralisons le tout; du même coup, nous érigeons toute l'activité disponible en centre-foyer ou *principe* absolu d'action, et nous en dispersons tout autour le début initial ou *l'élément :* deux choses à la fois bien nécessaires et suffisantes pour constituer le genre *Sens* psychologiquement définissable l'*identité du subjectif et de l'objectif* pour son double fonctionnement relatif d'alors à titre de principe $= \frac{\infty}{1}$ et d'élément $= \frac{1}{\infty}$, dont le produit donne l'identité

$\frac{\infty}{1} \times \frac{1}{\infty} = 1$. Ce mode de constitution ou d'être, évidemment unique, est maintenant un *type* radical tout d'abord attribuable au seul genre *Sens*, pour la raison que nous venons de dire et d'après laquelle, là où l'action attractive prévaut, la puissance respective sous-tendante est la *sensible*. Mais n'est-ce pas la même activité qui, d'abord appliquée comme attractive, fonctionne ensuite comme répulsive ou impulsive ? Comme répulsive ou comme impulsive, elle se concentre donc également, par seconde ou troisième mise, en *principe*; et c'est ainsi qu'elle se pose d'abord en centre de force, puis en centre de figure, et enfin en centre d'action, sous le même type absolu $\frac{\infty}{1} \times \frac{1}{\infty} = 1$, quoique en manifestation les deux nouveaux centres dits de figure ou d'action ne comportent plus le rôle d'immanente quiétude d'homme à cheval fixe sur ses deux étriers et dont nous avons déjà fait le représentant du *Sens* absolu radical. Lorsqu'arrive cependant, pour les deux nouveaux centres de figure ou d'action, l'heure de se démontrer à leur tour, le même type radical précédent se déplace dans l'espace, comme s'y déplace en *temps* un système de coordonnées rectangulaires dont on modifie la direction sans en modifier l'écart originaire ; il y a seulement, dans le cas de la triple application à faire du même *type* radical, cette différence en plus, qu'il cesse d'être *sensiblement* apparent au moment où les deux genres *intellectuel* ou *spirituel* seraient censés s'en séparer, d'où il suit qu'en ressort *sensible* il est bien comme non avenu pour eux, et qu'alors, s'ils veulent intervenir visiblement, ils doivent s'en approprier chacun un autre, le *ternaire* 1^3 y restant seul au service du genre Sens, quand l'Intellect s'y produit sous les deux types subordonnés $\begin{Bmatrix} 1^2 \\ 1^1 \end{Bmatrix}$, et que l'Esprit s'y démontre sous les deux mêmes types renversés $\begin{Bmatrix} 1^1 \\ 1^2 \end{Bmatrix}$.

Dans ce qui précède, nous nous sommes efforcé de signaler l'originaire plénitude et fixité du premier *genre* Sens en *latitude*, sans en rien préjuger d'analogue en *altitude* ni *longitude* ; et néanmoins nous avons incidemment trouvé l'occasion de constater déjà qu'en *altitude*, sinon pour le Sens radical en personne, du moins pour les deux autres *genres* intellectuel et spirituel, ce même *genre* sensible est susceptible de *restriction progressive*, alors que, le *genre* Sens personnifié ne s'abaissant jamais au dessous du suprême exercice ternaire 1^3, les deux autres *genres* intellectuel et spirituel peuvent nous l'offrir plutôt recouvert qu'accru des deux degrés inférieurs 1^2 et 1^1, ou 1^1 et 1^2. De ce premier fait de modification *graduelle* en *altitude* de genre *latitudinairement* invariable Sens, nous pouvons aisément présumer qu'il en peut ou doit être de même en *longitude* pour semblable préposition ici du degré moyen 1^2 au moindre 1^1, avec possibilité (le cas échéant) de retournement de rôle entre le moindre et le moyen sujets de tout à l'heure, le 1^1 devenant 1^2 en même temps que le 1^2 fonctionne en 1^1. Ces deux jeux présupposés dirigés ou du moins dirigeables, l'un d'arrière en avant, et l'autre d'avant en arrière, diffèrent essentiellement des deux précédents effectués, l'un de haut en bas, et l'autre de bas en haut, en ce qu'ils ne sont plus, comme eux, seulement en *simultanéité* réciproques, mais sont au contraire en *succession* réelle alternants. Rien n'empêche en effet deux courants inverses de descendre ou de monter à la fois en plans circulaires verticaux, tant qu'il n'est point là question de temps *réels* ; mais passons-nous des temps seulement imaginaires aux temps vraiment réels comme lorsqu'il s'agit de passer d'arrière en avant par un vrai changement d'état analogue à celui signalé tout à l'heure dans le passage de 1^2 à 1^1 avec possible retour alternant d'avant en arrière ou bien de 1^1 à 1^2, la séparation des deux instants consécutifs exigée par ce renversement de rôles nous oblige de les parquer comme en deux lieux distincts de l'espace imaginaire où s'en effectue la succession ; et la scission apparente qui s'ensuit, devient en conséquence un obstacle insurmontable à ce que, aux yeux de toute activité qui se déroule — à son propre point de vue — d'arrière en avant avec persévérance, elle puisse apparaître autrement qu'*active* dans son fonctionnement d'arrière en avant qui reste ainsi forcément *subjectif*, ou bien *passive* dans le cas contraire où, lors même que le mouvement opposé d'avant en arrière se produirait avec son agrément, il ne serait jamais son ouvrage immédiat ou produit direct, et reste conséquemment l'œuvre d'une cause étrangère fonctionnant, par opposition à la précédente *subjective*, en *objectivité* proprement dite.

La manière dont nous venons d'aboutir à la distinction ici souverainement importante entre le *subjectif* et l'*objectif* ne saurait être trop attentivement considérée dans ce moment. Nous l'avons déduite de l'opposition entre l'*actif* et le *passif*, appelant à cette fin subjectif l'actif, et objectif le passif. Est-ce donc que le passif n'accompagnerait point toujours l'actif, et par suite aussi l'objectif ne s'adjoindrait point au subjectif? Nous ne saurions le nier un seul instant, puisque nous avons toujours été d'avis de définir en principe l'Activité radicale une identité de subjectif et d'objectif. Mais, identifiés ainsi radicalement, le subjectif et l'objectif ne sont qu'imaginairement distincts, comme le sont le sujet et l'attribut de la proposition tautologique A est A, dont l'attribut pourrait autant servir de sujet, que le sujet d'attribut. Or cela n'arrive pas toujours, ou n'arrive même que très rarement : dans la plupart des cas il s'adjoint, à l'un de ces termes foncièrement même identique à l'autre, quelque détermination modale ou accidentelle qui n'existe point en raison ou de fait dans son corrélatif ; et nous en avons même incidemment donné déjà deux exemples en disant le genre *sensible* accidentellement accommodable à la fois aux deux autres genres *intellectuel* et *spirituel*. Une fois accru de formel ou de virtuel, le sensible n'est plus évidemment du sensible pur, et ne peut plus se mettre sous la forme de l'équation $A = A$. Le *passif* caractéristique de l'objectivité proprement dite est celui qui se distingue, de l'*actif* identifiable au subjectif, par un indice n'ayant point sa raison d'être dans ce dernier, pour empiètement — en lui — soit d'un concept ou d'une vue d'origine intellectuelle, soit d'une tendance ou d'une motion d'origine spirituelle.

Il y a donc ici deux cas à distinguer soigneusement : l'un radical et principal, l'autre postérieur et secondaire. Dans le premier, l'objectif est identique au subjectif, et concerne la *personnalité* ; dans le second, au contraire, il s'en distingue ou s'en sépare même et demeure par suite en simple caractéristique du *genre* alors assez modifié pour cesser d'en constituer la *personnalité* sans cesser pour cela de lui appartenir ou de faire partie de son avoir. Le premier cas d'identité se triple nécessairement, mais ne peut se multiplier davantage ; c'est pourquoi le nombre des genres radicaux personnels est forcément réduit aux trois potentiels existants — tous et chacun — au suprême degré de la puissance 1^3, et nommés Sens, Intellect, Esprit, dont, en raison de la nécessaire identification en eux de l'objectif au subjectif, la définition respective doit s'exprimer et s'exprime effectivement, en disant, d'abord du Sens, qu'il est une identité du percevant et du perçu, puis de l'Intellect qu'il est une identité du représentant et du représenté, et enfin de l'Esprit qu'il est une identité de l'aspirant et de l'aspiré.

Comme, là, le sujet et l'attribut sont essentiellement identiques et par là même réversibles, et ne laissent point d'être malgré cela tout autres dans les trois définitions données, il est à peine besoin de faire remarquer que, en dehors de l'*Absolu seul* commun aux trois genres absolus et précités d'activité relative, rien plus du *relatif* propre à chacun d'eux ne peut en principe se retrouver chez chacun des deux autres, et qu'ainsi chacun en est une application toute particulière, dont pas même un simple élément ne convient originairement (sauf à titre d'avoir) aux deux autres ; d'où il suit que nul autre genre que le Sens ne peut être censé jamais spécialement percevant et perçu, comme nul autre que l'intellect, représentant et représenté, nul autre que l'Esprit enfin, aspirant et aspiré. Et les trois sont d'après cela dans la situation des trois coordonnées axiales et rectangulaires d'une même figure entière sphérique ou cubique, dont on sait que les *directions* respectives n'ont, hors le concept même absolu de direction, rien de commun entre elles : ainsi, dans la coordonnée x, rien ne subsiste des deux autres coordonnées y, z. Et n'importe en outre qu'on pose alors $\begin{cases} +x \\ -x \end{cases}$, ou $\begin{cases} +y \\ -y \end{cases}$, ou $\begin{cases} +z \\ -z \end{cases}$: cette opposition est et reste constamment imaginaire ou nominale, comme advenant seulement du dehors à chacune des trois coordonnées présupposées foncièrement invariables. Mais cette intrinsèque immanence des trois coordonnées ne peut-elle jamais souffrir aucune atteinte ? Assurément non en son fond essentiel et radical, mais non moins certainement oui dans son avoir primitif mais accidentel et dès-lors variable. Car, admettons ici que, comme étant — chacun — une application intégrale de l'Activité radicale indivise, le Sens, l'Intellect et l'Esprit, fonctionnant tous à la fois en elle dans leur propre et singulière direction respective, l'érigent en *Unité constante de relation absolue par trois fois relative :* par réversion du Tout sur les parties pareille à celle des trois parties sur le Tout, — de même qu'originairement l'Activité totale bénéficie de ses trois relations, chacune de ses trois relations doit également bénéficier à son tour du plein fonctionnement de l'Activité totale propre et commune à toutes. Et cependant, de ce qu'en principe il en est ainsi par égale réversion originaire des parties sur le Tout ou du Tout sur les parties, il ne s'en suit point qu'il en doive toujours être de même, et cela notamment si les parties cessent de se poser en organes de l'activité totale, en se considérant par exemple une à une ou deux à deux, au lieu de se considérer constamment trois à trois. Car, autant — en se confondant avec l'activité totale — elles en héritent la plénitude, autant — en restreignant leur propre abandonnement à ses prévenantes inspirations — elles en restreignent proportionnellement la bienfaisante influence générale. Pour être *originairement* favorisés d'un fonctionnement intégral et commun, les trois genres radicaux n'en sont pas moins *accidentellement* jouissants, quand cette jouissance tient moins à leur propre agir, qu'à leur propre abstention de tout agir bénéficiant de l'Absolu primitif et général commun à tous, et que d'ailleurs (comme nous l'avons déjà reconnu), chacun d'eux se trouve en *principe* si bien constitué qu'il ne contient point, comme *relatif*, le moindre élément des deux autres modes d'exercice *relatif* qui lui sont coordonnés en espace et temps.

Prenons-les maintenant tels que nous venons de nous les figurer, et concevons à la fois le Sens, l'Intellect et l'Esprit radicaux, fonctionnant d'abord, non seulement chacun (avec plénitude et comme il convient) dans leur propre ressort, mais encore (avec la même plénitude par simple première mise originaire) dans le ressort des deux autres, à l'expresse condition d'une réciprocité parfaite et continue : comme cette première extension originaire d'exercice sous le second aspect est plutôt d'origine étrangère que propre ou mieux plutôt **donnée** qu'**acquise**, elle peut cesser d'être ou d'apparaître au moindre mouvement divergent ou séparatiste de leur part ; et l'effet immédiat d'un pareil mouvement n'est point alors de créer pour eux une objectivité distincte et sur laquelle toute prise leur fait originairement défaut, mais il est plutôt et seulement de leur faire lâcher prise à cet égard et d'en réduire l'exercice primitif constamment du troisième degré pour chacun, d'abord, du degré 3 au degré 2, si le mouvement séparatiste devient seulement de *ternaire binaire,* et puis du degré 2 au degré 1, si le mouvement séparatiste se poursuit jusqu'au complet isolement de l'état *unitaire* final. Alors il se produit un double changement de l'état uni-ternaire radical, constitué de subjectif et d'objectif uns ou triples selon les cas, mais toujours identiques ou réversibles, et dit pour cela *conscient,* dont la première modification consiste en un dédoublement de subjectif et d'objectif en quelque sorte mi partis ou comme sexués, chez lesquels la conscience semble à demi se conserver ainsi qu'à demi disparaître, quand la seconde ou dernière modification en est une décomposition totale et définitive, ne laissant en arrière — comme déjà connaissant et connu — que le subjectif alors exclusivement uni-personnel et conscient, et rejetant au contraire en avant — non comme absolument mais comme au moins relativement inconnu ou méconnu — tout ce qui, radicalement étranger au ressort du subjectif uni-personnel et conscient, subsiste en dehors de lui-même en manière de simple ou double objectivité non moins incomplète au fond qu'en la forme, et répondant alors à la notion usitée d'*inconscience*.

2. Dans tout ce qui précède où nous nous proposions de rechercher et d'indiquer l'origine de l'*inconscience*, nous l'avons exclue du *principe* des choses par cela seul que, tout en l'y présupposant comme possible, nous en avons montré les trois *genres* personnels radicalement aussi bien conscients d'eux-mêmes pris un à un que trois à trois, en leur attribuant à cette fin *inconditionnellement* leur *propre* conscience subjective et rapportant au contraire l'origine de leur conscience *mutuelle* (dont ils ne sauraient être — pour parfaite rectangularité radicale — doués de la même manière), à l'immédiate opération de l'Activité fondamentale ou commune à tous, dont l'*absolu* fonctionnement les oblige alors intemporellement à se tout communiquer en elle comme elle se répand elle-même intemporellement et sans partage en eux tous. Donc, à la fois conscients chacun en principe d'eux-mêmes et de leurs congénères, ils sont bien radicalement tout con-

scients, et l'*inconscience* ne peut trouver en eux entrée qu'à la faveur de l'objective imaginarité par laquelle il leur est permis ou possible d'entrevoir comment, pour peu qu'ils cessent de s'abandonner docilement au courant général de plein exercice circulant dans leur ensemble, — au lieu de se superposer et de s'imiter désormais en tout et pour tout, ils doivent être comme parqués dans leur propre direction exclusive ou singulière, ignorant chacun ce qui se passe en l'autre ou les deux autres, ou même ce qu'ils sont ; c'est pourquoi, dans ce dernier cas, la conscience de chacun étant une comme lui-même, chacun aurait encore, en face de sa subjectivité primordiale indivisible, une double objectivité, sinon toujours divisée, toujours au moins divisible ou séparable. Mais nous avons dit aussi que, des trois genres radicaux personnels, le premier ou le Sens, *latitudinairement* disposé, ne comporte qu'une sorte de branlement imaginaire entre les deux côtés droit et gauche, sans que ce branlement puisse en annuler ou diminuer l'égalité fondamentale ; et nous avons, de suite après, ajouté que cette immanence s'affaiblissait déjà notablement pour le second genre intellect admis à fonctionner en plan vertical par hausse ou baisse avec une certaine aisance, reconnaissant en outre que cette aisance disparaissait à peu près tout à fait en règle générale pour le troisième genre Esprit ayant pour champ spécial d'application le plan horizontal de translation d'arrière en avant, toujours assurément ouvert dans ce même sens, mais non moins difficile à reparcourir en sens contraire. Et tout cela concorde parfaitement avec ce que nous venons de dire sur l'identité radicale du subjectif et de l'objectif, sur le dédoublement subséquent en commun des deux mêmes concepts, ainsi que sur leur final entier alignement pour exclusive préposition du subjectif indivis à l'objectif, soit aggloméré, soit dispersé, dont le propre est, à la différence de son précédent subjectif toujours à la fois connu de position et de qualité, de n'être plus connu de qualité mais seulement de position. Nous reviendrons plus tard sur cette dernière assertion encore problématique concernant l'indétermination *qualitative* de tout Inconscient objectif phénoménique ; présentement, nous en démontrerons l'habituelle subordination au Conscient subjectif, dont la préexistence n'est pas moins indispensable à son avènement, que celle de toute cause à son effet ou de l'actif au passif.

Ainsi présentée, la priorité du Conscient sur l'Inconscient apparaît si manifeste, qu'on pourrait bien tenir pour oiseuse ou superflue sa démonstration ; et cependant quelque chose en doit voiler la vérité, puisque de tout temps on a cru le contraire et que de nos jours même on persiste dans cette erreur. Qui ne sait que, à ses débuts, la philosophie de l'antiquité s'est plu, comme de nos jours elle se plaît encore, à dériver de l'Inconscient la production du Conscient, en attribuant l'origine spontanée de tout le devenir à la terre, ou l'eau, ou l'air..., parce qu'on en voit plus ou moins immédiatement provenir en apparence tous les êtres vivants ? Sous ce rapport, l'espèce de menstrue d'où sort la vie universelle, a passé de temps immémorial ou passe encore pour identique au *principe* même de la vie, dont elle est sûrement encore, mieux que le siège, l'effet ; et, la preuve de cela, nous la trouvons dans la nécessité de l'ordre inverse d'après lequel rien ne peut devenir, ni même servir de siège au devenir apparent, sans être ou la modification ou le produit d'un précédent se modifiant ou se déterminant lui-même à cette fin.

Comme nous venons de le déclarer par ces derniers mots, le *principe* universel et radical du devenir doit autant s'y prêter que le produire ; mais dans les deux cas il doit être, sinon également, au moins semblablement actif, à savoir, d'abord pleinement actif comme *producteur*, puis partiellement actif à divers titres comme *libre* producteur de ce qui devient en la façon et au degré qu'il veut, ce qu'on ne saurait dire d'un simple siège de devenir comme la terre, l'eau, l'air, ou tout autre chose objective qu'on voudra désigner en qualité de principe faussement réputé propre au même usage. Car la note caractéristique de l'Objectivité, toujours passive en premier lieu, consiste précisément en l'état improductif par lui-même de *fatalité*, qui nous force à l'envisager ou comme restant constamment ce qu'elle est, ou comme ne changeant et devenant autre que sous une motion étrangère non moins inévitable qu'irrésistible pour elle. Or, en pareille situation, l'Objectif qui ne varie point parce qu'il ne peut varier, ou qui varie parce qu'il ne peut ne pas varier, ne joue jamais certainement le rôle de *principe* ; mais il se comporte évidemment comme *effet* ou *fin* d'un préalable agent, dont il est bien assurément *en fait* la manifestation pour la détermination prise, mais dont il reste aussi bien encore *en idée* la manifestation pour toutes les autres déterminations qu'il eût pu — s'il l'eût voulu — contracter avec la même aisance. De même, effectivement, qu'il n'est pas possible de méconnaître l'*égalité* de toute fin avec son principe d'où s'en suit l'égale faculté de passer par progrès ou regrès de l'un à l'autre, il n'est pas davantage possible d'en méconnaître aussi l'originaire subordination d'après laquelle, tandis que le *principe* fonctionne d'une part, comme actif, en terme réel ou positif respectivement indépendant et souverain, la *fin* constamment passive en premier lieu nous apparaît au contraire d'autre part fonctionner en terme imaginaire ou négatif non moins dépendant que mobile ou maniable ou sujet à toute contingence. Expliquons-nous sur chacun de ces points.

D'abord, en face du *principe* subjectif actif et toujours réel à ce titre, le terme objectif doit apparaître respectivement imaginaire ; car il ne devient et ne s'y substitue qu'à la limite de son agir prévenant, en montrant seulement possible en soi ce qui déjà préexiste en lui comme réel, à la façon dont, par exemple, l'ombre d'un corps éclairé par devant en reproduit par derrière la figure. A cet égard, il importe fort peu que la passion à laquelle se termine l'action, lui soit égale en degré ; le degré d'égalité ne changeant point la nature de la passion ni celle de l'action, les deux sont et restent bien constituées entre elles comme principe et fin ou modèle et copie, ce qui revient à les dire subsistantes dans le rapport du *réel* à l'*imaginaire*.

Mais il y a plus, et la précédente différence se renforce ici de toute l'opposition du positif au négatif. Nous avons déjà conçu le subjectif actif comme se constituant de lui-même dans un certain état final autre que le radical, mais pris entre deux ou plusieurs autres, et préféré même au radical alors supplanté dans tout son contenu sauf le seul aspect ou rôle d'*élément* dernier reste de lui-même une fois dépouillé de tous ses autres aspects accidentels ; et, d'après ce que nous venons de dire, ce même aspect ou rôle d'élément en est une simple reproduction ou représentation imaginaire. Or, où cette simple reproduction imaginaire se retrouve-t-elle mieux qu'en la pure négation de la réalité la précédant et respectivement qualifiée (par opposition) de positive ? Le Subjectif réel et l'Objectif imaginaire sont donc susceptibles d'une plus prochaine détermination en aggravant le premier caractère différentiel d'un second, erigeant, par exemple, la réalité de l'un en *positive*, et l'imaginarité de l'autre en *négative*, sinon encore *vice versa ;* d'où il résulte qu'ils ne sont plus seulement désormais comme *a* et *non-a*, ou *b* et *non-b*, mais bien plus étroitement comme $+a$ et $-a$, ou $+b$ et $-b$, nouvel aperçu beaucoup plus significatif ou plus avancé que le précédent.

Dans ce même acte générateur par lequel l'Activité radicale se convertit de *subjective* en *objective*, elle se donne encore des deux côtés un troisième caractère différentiel par lequel elle se démontre à l'avenir autant indépendante en principe que dépendante de fait. Nous parlions tout à l'heure de l'ombre projetée par les corps opaques interceptant la lumière. Prenons ici pour exemple d'un pareil corps l'aiguille d'un cadran solaire éclairé par le soleil. Tout le monde sait que, si le soleil brille à la droite du cadran solaire, l'ombre s'allonge à gauche, et que, si le soleil passe à gauche, l'ombre tourne à droite : la direction de l'ombre est donc là complètement à la discrétion du soleil ou de sa position, de même qu'en trigonométrie l'état de la tangente dépend absolument de celui du sinus, et l'état de la cotangente, de celui du cosinus. Tel étant maintenant aussi l'assujettissement primordial de l'Objectif au Subjectif, force est donc d'admettre encore, en même temps que l'*indépendance* radicale du Subjectif, la complète *dépendance* simultanée de l'Objectif.

Enfin, comme et parce que, dans sa double évolution active en tout sens du côté subjectif, l'Activité radicale d'abord existant seule et libre n'a rien qui la limite, et jouit ainsi d'une infinie liberté d'opération, la passive Objectivité dont elle dispose alors en souveraine ne saurait pas davantage être limitée dans son infinie disposition originaire à subir toutes les modifications qu'il peut lui plaire d'introduire en elle ; mais — et c'est ici que la différence des deux rôles objectif et subjectif se révèle avec le plus d'éclat, — tandis que la causalité *subjective* se modifie sensiblement si peu que, en prenant la somme de ses deux facteurs élevés en manière de cosinus et de sinus au carré, cette somme ne varie point et correspond à des aires toujours égales en temps égaux (preuve et raison manifeste de l'invariabilité primordiale du genre Sens), l'*objec-*

tive phénoménalité s'en modifie profondément au contraire, au point de passer, en ses deux facteurs respectifs tangentiels ou cotangentiels, des deux valeurs 0 et ∞ à leurs inverses ∞ et 0, dont aucune ne peut cependant avoir ici pour effet (comme il y a lieu de le dire dans le cas précédent) d'évoquer l'autre, car ces valeurs 0 et ∞ sont bien en soi des valeurs imaginaires et par suite infécondes ; de zéro, l'on ne peut rien tirer ; de l'infini, l'on ne revient jamais. Bien qu'au contraire, des deux fonctions cosinus et sinus, chacune doive être égale à zéro quand l'autre entière est égale à l'unité, l'élévation au carré de cette dernière suffit pour nous la montrer grosse de la première et prête à la mettre au jour, avec ultérieur échange des mêmes rôles au même moment où les fonctions sont censées pareillement alternantes.

C'est ici le lieu de préciser le sens du mot *conscience,* et de nous fixer par là même sur celui de son contraire ou de l'*inconscience.* La conscience est et ne peut être, en elle-même, autre chose que la relation d'un être à lui-même, ou bien son fonctionnement simultané sous les deux aspects de sujet et d'objet. Un être est-il foncièrement actif : il doit être par là même capable de cette relation. Mais, alors, il est bien à la fois objet et sujet, ou mieux (pour dire la même chose en d'autres termes) il est simultanément objet là où il fonctionne déjà comme sujet, et sujet là où il fonctionne encore comme objet ; et ces deux fonctions sont nécessairement en lui convertibles. La distinction n'en est donc en lui qu'imaginaire, ou bien (si l'on veut) qu'imaginairement réelle, et par suite ne le divise point : il reste donc un, quoiqu'il se représente double ; en quoi l'idée de *conscience* trouve, avec la note complétive de conscience *propre*, son immédiate et pleine application sous les quatre aspects déjà signalés de *réalité*, de *position*, d'*indépendance* et de *souveraineté*. Anéantissons maintenant par la pensée le redoublement de fonction accumulée sous chacune de ses deux faces, objective et subjective, ou bien supposons le jeu de l'Activité devenu désormais seulement *imaginaire*, *négatif*, *dépendant* et *maniable* à souhait : il manque tout à fait dès lors d'initiative, et dans sa passivité totale il n'est pas plus capable de revenir seul sur lui-même que de rien imaginer au dehors ; il s'ignore donc et du même coup il ignore tout. Mais en est-il pour cela moins connaissable ? Nullement ; il est donc connaissable ou connu non-connaissant, comme l'est l'*inconscience* à laquelle nous donnons lieu tombant sous la conscience d'autrui sous le nom d'objectivité pure, d'imaginarité, de négation, ainsi que de dépendance ou de plasticité complète ; et bien sûrement alors elle ne vient qu'après la *conscience* comme vient à la suite de la tête et du tronc d'un animal l'appendice caudal qui le termine (1).

3. Nous venons d'établir la *priorité* du conscient subjectif sur l'inconscient objectif, en

(1) En partant de ces considérations, on peut se faire une idée très nette du mystère eucharistique, en n'y retenant annexées à l'*essence humaine* que des dimensions formelles ou virtuelles *imaginarisées* ou *spiritualisées*, et les y remplaçant momentanément par d'autres non moins inconscientes en elles-mêmes et seulement plus étrangères.

fonctionnement successif ou dans le temps ; établissons-en actuellement l'égale prépondérance sur ce dernier, en simultané fonctionnement ou dans l'espace.

Afin de nous orienter de suite convenablement à ce nouveau point de vue, nous reviendrons sur l'originaire distinction des trois genres Sens, Intellect, Esprit, dont nous commencerons par faire observer que, si les deux derniers ne sont point empêchés par la priorité du premier d'être aussi généraux dans leur propre ressort qu'il peut l'être dans le sien, ils en contractent au moins l'impossibilité de revendiquer pour eux-mêmes dans le sien la plénitude ou généralité dont il jouit perpétuellement sans restriction ni division, avant que, admis à s'en rendre — par simple imitation et comme par emprunt — participants, ils y prennent pied ensemble ou tour à tour en la double manière dont il est possible de voir un exercice quelconque du degré 3 se poser subsidiairement d'abord en sa première dérivée de degré 2, et puis en son autre et finale dérivée de degré 1. Puisque en raison et de fait le genre Sens précède les deux autres genres Intellectuel et Spirituel, ces deux derniers, ne préexistant en lui qu'en puissance d'être ou possibilité de devenir ou ne s'en distinguant point encore par hypothèse d'emblée, subsistent par là même en principe, chez lui présupposé figurable et figuré par a, sous cette même et première forme a, d'où il résulte qu'il existe lui-même tout d'abord sous la forme solide ou cubique a^3. *A pari*, nous serions donc en droit de nous représenter le second genre Intellect sous la forme b^3, et le troisième genre Esprit sous la forme c^3 ; mais, cela étant, nous n'entremêlerions point entre eux les trois mêmes genres néanmoins déjà reconnus non moins superposés que distincts, et, voulant en opérer l'amalgame, nous pouvons et devons alors admettre que, comme le premier genre a se potentialise au moyen des deux autres b et c non encore distincts par préalable revêtement de sa forme a, de même le second b venant à surgir le premier de son sein peut bien ne s'en démêler déjà que par la mise à jour d'un seul nouveau facteur provenant de l'inversion d'un

a en b — ce qui lui permet d'apparaître sous la forme de $b^1\ a^2$. — en attendant que de nouveau s'en démêle de la même manière, mais avec un surcroît de variation (pour double dérivation), le dernier genre c cette fois apparu sous la forme tout élémentaire en ses facteurs $c^1\ b^1\ a^1$. Siégeant donc dans le ressort du premier genre Sens, les deux genres intellectuel et spirituel sont tout au plus, l'un ou l'autre, sensiblement apparents en la manière dont se produit, après ou sous une intégrale du troisième degré telle que a^3, sa première dérivée moyenne a^2, ainsi qu'après ou sous cette dérivée moyenne a^2, sa dernière dérivée du degré le plus bas a^1. En cela, nous pouvons et devons même accorder sans difficulté la préséance du devenir au second genre Intellect sur le troisième genre Esprit, mais non sans attribuer coup sur coup à ce dernier la même prérogative ; car, si l'Esprit ne peut se produire au sein du Sens qu'à la suite de l'Intellect et du Sens concourant en *composantes* rectangulaires, il ne s'y pose pas moins promptement qu'elles en *résultante* finale équivalente et jouant ainsi constamment en ressort *objectif*, pour leur équilibration, le même rôle de *moyen* que l'Intellect y joue *subjectivement* pour amener la transition de l'état sensible radical au spirituel final.

Soit maintenant admis en la manière qui vient d'être décrite le triple fonctionnement consécutif a^3, a^2, a^1, dont la plus haute puissance a^3 revient en principe au Sens, la moyenne a^2 à l'Intellect, et la plus inférieure a^1 à l'Esprit : cette série potentielle sera-t-elle, là, l'œuvre à peu près exclusive du premier genre Sens, ou devons-nous en attribuer collectivement au même degré l'institution aux trois genres à la fois ? Cette dernière manière de voir ne saurait aucunement être admise. Là, tout provient en principe du seul Sens radical. L'Esprit, d'abord, n'y contribue en rien, puisqu'il y est tout passif ; et puis, quoique l'Intellect y contribue en auxiliaire du Sens, il peut d'autant moins s'en attribuer le devenir, qu'il est autant redevable au Sens de sa faculté de concourir que des moyens actuels d'y prendre part. L'intégrale première a^3 n'est pas seulement le principe de la seconde a^2, mais elle l'est encore de tout son agir actuel ou possible indistinctement, comme de son côté la seconde a^2 n'est pas sans droit à revendiquer pour soi l'agir actuel ou possible de la troisième a^1 ; mais, dès lors que la troisième intégrale se retrouve en la seconde, il faut bien que collectivement et la troisième et la seconde se retrouvent ou rentrent en la première a^3, laquelle apparaît alors seule universelle ou générale avec prédominance absolue sur tout l'ensemble en espace, comme elle y prélude seule en tout temps.

4. Lorsque, maintenant, nous nous sommes enquis de l'origine de l'*Inconscience*, ou que nous nous sommes encore occupés d'en démontrer la subordination en espace ou temps au Conscient, nous ne l'avons cependant considérée pour ainsi dire qu'en dehors ou sous ses principaux aspects relatifs, n'en abordant jamais en cela l'essentiel ou la nature intrinsèque absolue. Sa considération sous ce dernier aspect ne pouvant être indéfiniment renvoyée, nous tâcherons donc de l'invisager sans plus

tarder en elle-même et de dire ce qu'elle est en son fond ou son essence. Pour cela, nous n'oublierons point (chose actuellement acquise) qu'elle n'est rien, — quoique se rattachant bien étroitement à la Subjectivité son principe toujours éminemment prépondérant en espace et temps, — de subjectif, mais consiste au contraire en objectivité pure pour la subjectivité cessant de la compter au nombre de ses propres opérations et la représentant sous forme d'image en quelque sorte fantastique ou ne tenant nullement au sujet, et flottant alors dans son sein ou sous ses yeux comme les nuées dans l'air ou les astres dans le vide. Elle est donc foncièrement une abstraction pure, une imaginarité pure. Nous ne saurions nier malgré cela qu'en elle, à son imaginarité manifeste, ne s'adjoignent fréquemment des caractères réels très saisissants tels que ceux de grandeur, de volume ou de *forme*, ou bien encore de solidité, de masse ou de *force* ; et dès lors elle cesserait conséquemment en apparence d'être vraiment imaginaire. En présence d'une aussi grave difficulté, nous ferons donc halte un moment ici, pour nous appliquer à découvrir comment il se fait que, sans varier aucunement en leur *fond* radical, ni le *subjectif* ni l'*objectif* ne soient incapables de se compliquer l'un avec l'autre en ressort contingent.

Est-ce que par hasard on serait tacitement d'avis que l'essence des choses souffre ou peut souffrir altération ou variation, et que, par exemple, une *réalité* première, en se déterminant par différenciation, devient autre qu'elle n'est, autrement que par superfétation apparente ? Ce serait une grande erreur que de le penser. La *réalité* présupposée vraie n'est ni ne peut être atteinte par la variation qu'en exercice *relatif*, dont sa propre position *absolue* reste parfaitement indemne, en la manière dont, par exemple, un corps *pesant* mobile et mu ne perd rien de son poids réel alors même qu'il en est déguisé par le mouvement ou la vitesse mettant incessamment obstacle à ce qu'il se pose ou se fasse sentir nulle part ailleurs sur son trajet. Et ce que nous disons là de la *réalité* première, peut et doit se dire également de toute *imaginarité* première ultérieurement modifiable ou différenciable. La modification ou nouvelle détermination par elle acquise laisse parfaitement intacte l'imaginarité première *absolue*, dont la position nulle ou négative originaire se renforce seulement alors en exercice *relatif* comme se renforce l'*idée* d'une chose si bien incorporée par hypothèse au sensible ou pénétrée du sensible qu'on est capable d'en être jeté par terre ou d'en mourir, comme la chose arriverait par un grand vent ou par le poison. Qu'une lourde masse roule sur le sol avec une extrême vitesse : elle semble perdre de son poids sans en perdre réellement. De même, qu'on soit vivement frappé d'un rapport alarmant faussement réputé vrai: l'idée foudroyante apparaît terriblement réelle, quoique bien foncièrement imaginaire. Le subjectif est donc appropriable à l'objectif, de même qu'inversement l'objectif au subjectif, sans la moindre altération ou variation de fond dans les deux cas ; et par suite, comme là la forme n'emporte jamais (sauf en apparence) le fond, mais s'y marie seulement en quelque sorte, le subjectif s'accommodant par hypothèse à l'objectif en semble devenir objectif par le même procédé qui semble rendre subjectif l'objectif qui s'y rattache ou se l'approprie.

5. En est-il réellement ainsi toujours? Ayant défini l'Activité radicale prise absolument, une réelle identité de subjectif et d'objectif alors à peine imaginairement distincts, nous avons implanté du même coup en principe en elle une double imaginarité présente à sa *conscience* et la constituant même après fusion ou Réalisation entière, en même temps que, par sa propre appropriation à chacune d'elles, elle tourne d'elle-même à l'imaginarité pour les doter à leur tour de sa propre intégralité préalable mais transformée. L'imaginaire subjectivité radicale se pose donc d'abord en un premier genre de subjectivité primitive intégrale, constituant dans cet état le genre *Sens*, chez lequel le subjectif et l'objectif se marient si bien par *identité* préalable absolue, qu'ils y sont à peine ultérieurement discernables en idée. Ce moment d'abstrait discernement sans réelle disjonction survient-il incontinent : il implique

un second genre d'exercice actuel, projetant imaginairement hors de soi la même *dualité* déclarée tout à l'heure indistinctement renfermée dans le Sens, et qualifiable cette fois d'*Intellect*. Une fois projetée par hypothèse hors de l'Intellect, la même dualité qui, déjà dépouillée de l'unité foncière de nature sensible, s'y trouve encore dénuée de l'unité formelle ou représentative conférée par l'Intellect, ne pourra-t-elle plus nous présenter la moindre trace d'union ? Un dernier mais bien unique moyen de ralliement lui reste à cet égard, et ce moyen est le *rapport* de ses deux termes objectif et subjectif pris désormais tous deux objectivement, comme ils ont dû dès le début être pris tous deux subjectivement dans le Sens. En opposition au premier genre *tout subjectif* Sens, il en existe donc un dernier *tout objectif* alors Esprit ; et, si nous avons le soin de remarquer après cela que, comme l'*Intellect intelligent* est originairement apte à saisir le levain de discorde existant dans le Sens radical pour en dissoudre l'unité primitive, de même il doit être encore apte à saisir le trait d'union fourni par l'Esprit final en sens contraire, — en *lui-même* nous avons alors le *genre moyen* appelé naturellement à fonctionner en souverain, dès que les deux autres genres extrêmes *Esprit* et *Sens* mis en présence constituent l'Activité radicale en état de conflit imminent, pour peu qu'il leur plaise de vouloir, l'un tout centraliser, et l'autre tout décentraliser, à l'effet de mettre, chacun, leurs tendances respectives opposées en évidence objective.

Le rôle intellectuel est ici tracé par les deux rôles opposés spéciaux radical ou final du Sens et de l'Esprit. Celui du Sens étant tout subjectif par assimilation, au subjectif, de l'objectif, et celui de l'Esprit étant tout objectif par assimilation, à l'objectif, du Subjectif, ils sont, l'un et l'autre, extrêmes et comme absolus par conséquent, quand, celui de l'Intellect étant mi-partie constitué de subjectif et d'objectif est tout relatif par conséquent, il suit de là que son fonctionnement spécial ne peut et doit être qu'une double représentation atténuée de leur agir exclusif. Aussi, pour l'exprimer, devrons-nous nous occuper de trouver l'expression des deux rôles extrêmes du Sens et de l'Esprit. Prenant absolument ces deux derniers, nous ne pouvons plus cependant nous contenter ici de les considérer isolément comme nous faisions tout à l'heure par totale assimilation chez l'un de l'objectif au subjectif et chez l'autre du subjectif à l'objectif, mais nous devons commencer à les concevoir entremêlant graduellement leurs opérations absolues, le Sens, par exemple, étant censé toujours tout subjectif en principe sous sa pleine forme initiale d'alors 1_s^3 mais puis et par degrés — au fur et à mesure de sa complication d'objectif — figurable par 1_1^2, 1_2^1, 1_3^0. Soumettant l'Esprit au même mode de travestissement, nous devons de nouveau le concevoir subsistant d'abord dans *son* genre au suprême degré de la puissance 1_c^3 sous forme analogue à la sensible initiale ; mais, en ressort *sensible*, il ne peut, pour sa pleine opposition avec le Sens, intervenir que sous les mêmes formes que ce dernier, prises seulement à rebours, et, tandis que nous venons de figurer ce dernier par la série décroissante en exposants et croissante en indices $1_0^3, 1_1^2, 1_2^1, 1_3^0$, nous ne pouvons autrement le figurer lui-même que par la même série seulement renversée $1_3^0, 1_2^1, 1_1^2, 1_0^3$. Donc, en cette série seule ou sans autre, à la seule condition de la prendre en deux sens différents par aller et venir de gauche à droite et de droite à gauche, nous avons l'entière et vraie représentation graduelle inverse ou progressive et régressive des diverses complexions potentiellement réalisables, tant pour l'Esprit que pour le Sens, en ressort particulier sensible, entre le *subjectif* et l'*objectif*, par mutuelle importation plus ou moins avancée de chacune de ces deux façons d'être ou d'agir en l'autre.

Prenant la même formule générale pour base, nous y trouverons maintenant, — en même temps qu'un excellent moyen de nous fixer sur les rôles possibles en ressort *sensible* des deux genres absolus Esprit et Sens, — celui de nous orienter encore sur le rôle spécial du genre Intellect irréductible aux deux précédents. Le genre Sens est celui qu'on doit réputer parcourant en série potentielle descendante les quatre degrés 1_0^3, 1_1^2, 1_2^1, 1_3^0, au contraire, le genre Esprit est censé les parcourir en série potentielle ascendante 1_3^0, 1_2^1, 1_1^2, 1_0^3 : L'Intellect, représentant des deux, doit donc fonctionner en symbole de rapport suivant l'expression synthétique $\dfrac{1_0^3,\ 1_1^2,\ 1_2^1,\ 1_3^0}{1_3^0,\ 1_2^1,\ 1_1^2,\ 1_0^3} = 1$. Pour lui simple *sujet* représentant, les deux genres Esprit et Sens constitueraient, indivis comme lui-même, un seul *objet* représenté, s'il ne savait que les prendre *absolument* en bloc ; mais sa spécialité toute différente de celle du Sens identificateur par excellence consiste précisément à distinguer où le Sens identifie ; procédant donc à sa manière, il les distingue immédiatement par leur sens inverse d'application ascendant ou descendant ; et cependant, comme chez lui cette duplication de sens n'est point arbitrairement prise mais perçue, la distinction s'en aggrave encore à ses propres yeux en devenant d'imaginaire réelle, auquel cas il s'oppose finalement en antagoniste *virtuel* au Sens déjà reconnu lui-même *virtuellement* identificateur par excellence, et le résultat de leur antagonisme est alors la mise au jour du genre Esprit désormais personnifié comme leur rapport aussi *virtuel*, de la même manière que nous disions tout à l'heure l'Intellect identique au rapport *formel* du Sens et de l'Esprit.

Comme les idées du lecteur pourraient aisément ici se confondre au milieu de toutes ces distinctions accumulées, nous ne craindrons pas de paraître long en insistant et disant : d'abord, aux yeux du genre Sens essentiellement identificateur, l'identité seule apparaît, et nulle distinction ne sépare *à priori* chez lui l'un de l'autre, même en idée, l'objectif du subjectif ; mais, aussitôt après, la distinction ne manque pas de s'en accuser aux yeux de l'Intellect leur représentant (ainsi que nous le disions tout à l'heure) formel ; après quoi, puisque les deux genres Intellect et Sens une fois mis en présence constituent un vrai couple réel de termes aussi distincts qu'équivalents, la distinction seulement imaginaire tout d'abord introduite par l'Intellect se convertit, aux yeux de l'Esprit témoin de leur flagrante opposition, en réelle ou complète, avec aggravation même (l'Esprit une fois compris et tout compte fait) du nombre des termes objectivo-subjectifs confrontés porté désormais de deux à trois, quand précédemment un seul ressortait aux yeux du Sens, et qu'aux yeux de l'Intellect adjoint au Sens deux seuls apparaissaient encore pour se rejeter provisoirement — chacun — l'un l'autre dans l'imaginaire.

Le triple rôle de l'Activité radicale se découvrant, à ses propres yeux et pas à pas, d'abord en genre unique *sensible* seul en apparence réel sans imaginarité conjointe, — puis en genre double *intellectuel*, semi-réel et semi-imaginaire par conséquent en ses deux termes pour rester (sous cette forme) identique au précédent unique terme sensible — et finalement en genre triple *virtuel* pour nouveau remaniement du premier terme sensible unique le portant cette fois d'un à trois en même temps que ces trois sont faits égaux chacun à des tiers, ce triple rôle, disons-nous, parce qu'il est alors toujours censé s'effectuer en ressort *sensible*, nous fait apparaître appliqués en ordre hiérarchique sur le type des trois formules 1^3, 1^2, 1^1, les trois genres Sens, Intellect, Esprit, lesquels, pris absolument, ne laisseraient point d'être tous égaux et du troisième degré ; leur subordination sur type descendant tient donc exclusivement à l'unité du ressort *sensible*, siège de leur commun fonctionnement originaire. Cette marche *descendante* en ressort *sensible* n'est-elle point cependant identique, au seul sens près, à la marche *ascendante* (dans ce même ressort) de l'Esprit, comme nous l'exposions et figurions naguère au moyen des exposants et des indices inversement disposés dans la série des termes intervertis et redoublés 1^3_0, 1^2_1, 1^1_2, 1^0_3, dont nous avons en outre trouvé le rapport égal à l'identifiable pour cette raison au genre Intellect alors commun représentant des deux autres d'allure si différente Esprit et Sens ? Remarquant donc que, comme genres personnels *absolument* appliqués, le Sens et l'Esprit sont parfaitement figurés *en entier* et chacun par les deux expressions, $\begin{cases} 1^3_0, 1^0_3 \\ 1^0_3, 1^3_0 \end{cases}$, au seul sens près identiques en tout — si nous retranchons de la précédente série de *quatre* termes ces deux extrêmes, nous la voyons réduite aux moyens 1^2_1, 1^1_2, lesquels il nous est alors loisible, après affectation des deux extrêmes au Sens ou à l'Esprit, de rattacher naturellement d'une manière toute spéciale au genre Intellect, faisant pour cela la transition de chacun des deux genres extrêmes à l'autre, *comme les mêmes formules moyennes font celle de l'une des expressions extrêmes* 1^3_0, 1^0_3, *à sa corrélative* ; et, connaissant alors la signification de ces deux dernières expressions censées personnifier les deux genres sensible et spirituel, nous n'avons plus qu'à rechercher l'analogue signification des deux moyennes figures de l'intellectuel.

La signification des formules extrêmes 1^3_0, 1^0_3, serait mise en évidence en les écrivant de cette sorte $1^3 \rightarrow 1^0$, $1^0 \rightarrow 1^3$, d'où il résulte encore une fois que les deux genres extrêmes sensible et spirituel sont entre eux dans le rapport, de *principe* entier tournant à simple *élément*, à simple *élément* tournant à *principe* entier, ou plus simplement, de *principe*-

fin, à *fin-principe*. Mais, là, le saut est entier et brusque des deux côtés, autant à la montée qu'à la descente. Introduisons alors dans les deux cas les termes intermédiaires $1\frac{2}{1}$, $1\frac{1}{2}$: nous substituons au saut une suite progressive ou régressive de degrés sans vide apparent. Les degrés extrêmes se composant de deux termes, l'un à *trois* facteurs et l'autre à facteur *zéro*, les deux degrés moyens se composent encore de deux termes, mais l'un à facteur *double*, et l'autre à facteur *simple*. Or, au fur et à mesure de cette composition ou décomposition de facteurs, l'Activité radicale va nécessairement en se centralisant ou se décentralisant pour aboutir finalement à complète concentration ou complète excentricité ; mais, au lieu que sans les deux termes moyens elle saute d'excentricité pleine à concentration pleine ou de pleine concentration à pleine excentricité, depuis l'introduction des deux termes moyens elle va graduellement ou pas à pas de concentration ou d'excentricité *nulles* aux mêmes états *initial*, *médian*, *entier*, lesquels sont cette fois réels. Et pour lors, au lieu que les extrêmes *entier* ou *nul* se signalent par une note d'*infinité* manifeste ou positive ou négative, les deux moyens *initial* ou *médian* s'approprient tout spécialement l'un la note de *fini* et l'autre la note d'*indéfini*, sans exclusion pourtant, car, tout aussi bien qu'on peut monter du premier degré de la puissance au second, on peut descendre du second au premier, et fonctionner ainsi des deux manières à la fois en changeant d'aspect. Ces deux rôles moyens mais gradués compris entre les deux extrêmes les relient donc entre eux en manière de série continue progressive ou régressive, dont les termes à facteurs se décomposant ou se composant tour à tour simulent toujours objectivement ou des *écarts* ou des *touts* partiels avant d'atteindre les deux limites extrêmes où, par suite de la disparition de tous *écarts* ou *touts* partiels, on n'apercevrait plus de trace d'ensembles ni d'éléments.

Comprenant ainsi que la reconnaissance des deux *états* extrêmes infinis soit de concentration soit d'excentricité *totales* tient à la préalable ou du moins concomitante aperception de concentration ou d'excentricité *moyennes*, et sachant d'ailleurs que, en raison de l'inversion régnante entre la concentration et l'excentricité, les deux sont à la fois exprimables par la désignation d'un seul état tel que celui d'excentricité pris à rebours, nous n'avons plus de peine à reconnaître que, pour pouvoir ici les représenter tous à la fois, il doit nous suffire de prendre ou reproduire ici les quatre formules connues d'excentricité $e = 0$, $e < 1$, $e = 1$, $e > 1$, dont on n'ignore point non plus l'étroite corrélation avec les quatre sections coniques. Soit, en effet, et par hypothèse, à représenter le genre Sens originairement tout réel et concentré par radicale identité de subjectif et d'objectif qu'aucune trace d'imaginarité ne dépare ou dégrade encore; il sera dès ce moment figurable par $e = 0$. Le supposons-nous après cela, sous le nom d'Intellect (en ressort sensible), commençant à présenter des traces d'imaginarité simulant une première décomposition de facteurs insuffisante néanmoins pour en rompre ou détruire l'unité radicale; l'écart naissant mais à peine imaginairement déjà percevable en représentation, en sera figurable par $e < 1$. Cet écart s'aggravant ensuite, nous n'avons plus deux seuls facteurs mais trois facteurs distincts ; et si pour lors l'actuelle décomposition initiale n'en implique point jusqu'à la désagrégation totale, elle en implique au moins l'imminence ou la fonde en principe, d'où il suit que la formule d'excentricité présentement applicable est la troisième $e = 1$. Il est inutile de pousser plus loin cette énumération ; car le dernier pas à faire encore, une fois fait, nous placerait dans le cas d'infinie dispersion figuré par $e > 1$. Ce dernier cas $e > 1$ n'ayant donc ici pas plus d'importance que le premier $e = 0$, tout l'intérêt de la question présente se résume en la considération des deux moyens $e < 1$, $e = 1$. Mais nous savons déjà que la première atteinte à la concentration s'exprime par l'idée d'*écart* synonyme d'intervalle, d'étendue, d'espace vide *en long et en large*, sinon dans les trois dimensions à la fois (car, si l'écart prétendu n'existait qu'en *une* dimension, il ne serait qu'*imaginaire* sous la réelle influence de la double connexion persistante en deux). Lors donc que, présupposé déjà réel, l'écart est censé s'aggraver encore, il se pousse cette fois jusqu'à rompre toute union dans les trois dimensions à la fois et l'on retombe sur la formule $e > 1$. Et, lorsque intervient en sens contraire la formule $e = 1$, c'est une preuve que cette fois au moins toute union de *principe* a cessé d'exister, en laissant tout au plus subsister après elle une union de simple *fait* analogue à celle de deux grains de sable que le moindre souffle peut faire disparaître en chaque instant.

Voyons maintenant ce que tout cela peut signifier. La rupture en *une seule* dimension en resterait, disions-nous tout à l'heure, imaginaire, ou bien ne jouirait d'aucune importance, comme aussi peu favorable au renforcement de l'union par contraste, que peu dangereuse par initiative d'écart. La rupture ne devient donc vraiment significative qu'en s'effectuant en deux dimensions à la fois, ou bien en ce qu'on appelle la *forme*, chose systématique ou fonctionnant toujours au second degré de la puissance 1^2. Se pousse-t-elle encore au delà de la forme, ou du second degré de la puissance monte-t-elle au troisième : elle atteint cette fois le fond $= 1^3$ ou mieux la *force* radicale, essentielle. La *forme* et la *force* sont donc les deux caractères que (comme nous l'avons insinué déjà depuis longtemps, § 4) l'inversion du subjectif en objectif importe, l'un après l'autre, au sein du pur objectif originaire pour le constituer de toutes pièces à son image, non sans en recevoir de son côté, par un juste retour, un renforcement analogue. Car si, comme il vient d'être dit, l'objectivité d'abord seulement imaginaire est redevable, à la subjectivité métamorphisante, de l'espèce de réalité croissante lui revenant de la *forme* et de la *force* acquises de la sorte, la même subjectivité d'abord toute réelle est à son tour redevable, à l'objectivité semblablement métamorphisée par libre choix de sa part, de son inépuisable faculté de fonctionnement, en sens positif ou négatif d'abord, direct ou inverse ensuite, et plus généralement même encore constant ou variable, et surtout soit uniformément soit diversement variable à la fin.

6. A la suite de la précédente assignation de la nature et des modes essentiels de l'*Inconscience*, la considération qui s'impose naturellement est celle de l'emploi qui s'en fait par comparaison avec la Conscience elle-même, dont elle semble être le pendant, quand elle ne lui est point contraire. La grande difficulté qui se présente lorsqu'on veut en déterminer ou saisir ces nouveaux aperçus, nous la résoudrons en partant de la vraie notion maintenant acquise de l'Inconscience comme d'une objectivité tout d'abord purement imaginaire, plus tôt ou plus tard dotée ensuite (pour son apparente réalisation) d'une forme quelconque, et finalement nantie (sous cette même forme) d'un plus ou moins haut *degré* de *force* ou d'*inertie* capable d'exiger d'égaux ou même supérieurs *degrés d'action* consciente ou d'énergie volontaire pour pouvoir en être surmontés ou modifiés suivant les circonstances ou les besoins. En quoi, manifestement, le premier caractère de l'Inconscience que nous avons dit être l'*imaginarité* ne lui sert de rien, pour son entière impuissance autant à se modifier elle-

même qu'à se conserver invariable dans son propre état originaire, d'où lui vient la possibilité d'être alors représentée par 1^0 ; mais nous ne saurions la dire ou réputer aussi nulle, une fois qu'elle se trouve douée d'une *forme* quelconque dans laquelle elle se fixe, et surtout en outre d'une certaine *force* suffisante pour lui permettre de prendre pied ou racine jusques dans cet espace vide où d'abord elle a pu prendre forme. Ses vrais piliers ou ressorts ou renforts sont donc en sa *forme* apparente ou sa *force* réelle d'inertie figurables, la première par 1^2, et la seconde par 1^3 au cas où nous tenons compte de l'aggravation apportée par la seconde à la première, mais néanmoins généralement figurables en réalité l'une et l'autre par 1^2. Car, si (comme il convient) nous voulons bien les concevoir appliquées toutes deux à l'instar de deux composantes rectangulaires et concentriques, elles réclament chacune ce degré moyen, commun dans le même cas à leur résultante. Du reste, ce double emploi de la *forme* et de la *force* dans les deux systèmes de valeurs $\begin{cases} 1^2 \\ 1^3 \end{cases}$, $\begin{cases} 1^1 \\ 1^2 \end{cases}$, n'est ici rien d'arbitraire, comme nous allons le démontrer. Nous avons en effet deux manières de nous figurer l'Inconscient radicalement *imaginaire* ou *virtuel*, qui sont les deux expressions 1^0, 1^1. Le figurons-nous par 1^1 : il est une direction *linéaire*, envers laquelle la *transversale* formelle figurée par 1^2 fraye les voies à la finale verticale figurable par 1^3. Au contraire, le figurons-nous par 1^0 : dans ce nouveau cas, il s'accompagne toujours de l'expression corrélative 1^3, laquelle ne passe régulièrement en application que sous la forme de sa première dérivée 1^2, dont le redoublement nous donne les deux composantes de *degré* 2, dont il est bon de remarquer incidemment ici qu'il est la seule quantité dont la somme et le produit ont absolument la même valeur 4.

Si, maintenant, la substitution dans le cas présent de la formule 1^2 à la formule 1^3 n'est rien *d'arbitraire*, elle n'est point non plus une chose *indifférente* ; car, en la réalisant, nous visons la reprise de la suite ici constamment applicable 1^3_0, 1^2_1, 1^1_2, 1^0_3, à laquelle nous nous permettrons néanmoins désormais de préférer la moins compliquée 1^3, 1^2, 1^1, 1^0 qui ne laisse point de se prêter au même emploi, pourvu qu'on se réserve la faculté de la lire à volonté de gauche à droite ou de droite à gauche suivant qu'il s'agira de voir en elle la représentation, soit *descendante* du genre Sens tournant graduellement du subjectif à l'objectif, soit *ascendante* du genre Esprit tournant semblablement par degrés de l'objectif au subjectif. Quel que soit celui de ces deux sens de mouvement ou de variation que l'on adopte, la formule 1^3 désigne la plénitude initiale ou finale des deux genres Esprit ou Sens, la formule 1^0 nous en représente au contraire l'état initial ou final de nullité complète, et les deux états moyens intercalés entre les précédents 1^3, 1^0, nous en sont représentés par les formules intermédiaires 1^2, 1^1. Le principe utilisé déjà par nous de l'identité du subjectif et de l'objectif nous permet de prendre ici les quatre formules 1^3, 1^2, 1^1, 1^0, tour à tour, en expression de subjectif ou d'objectif. Mais, avec du Subjectif soit *sensible* soit *spirituel* au *début* en 1^3 et 1^0, les formules 1^2, 1^1, doivent désigner constamment, elles aussi, du Subjectif ou *sensible* ou *spirituel* encore : c'est donc seulement aux yeux du genre intellect qu'elles peuvent désigner dans ce cas de l'objectif ; et c'est pour cela que précédemment, plaçant le Sens et l'Esprit au *début* ou *terme* de la série totale en qualité d'extrêmes, nous avons cru devoir en dégager, pour l'installer vis-à-vis d'elle et normalement à son milieu, l'Intellect à titre de moyen. C'est donc tout spécialement aux yeux de ce dernier, que leurs termes 1^2 et 1^1 fonctionnent en objectifs, tandis qu'il s'acquitte exclusivement aussi par devers soi des deux rôles extrêmes 1^3 et 1^0. Cependant, tout comme le genre intellect s'acquitte subjectivement — au même titre que les deux autres genres Esprit et Sens — des rôles extrêmes 1^3 et 1^0, ne peut-il — au même titre qu'eux encore — s'en approprier par assimilation les rôles moyens 1^2 et 1^1 ? Il serait bien téméraire et gratuit de le nier : rien de plus banal en soi que des rôles tout spécialement objectifs ; et si les notes objectives de *formel* ou de *virtuel* sont déjà simultanément attribuables à deux genres aussi contraires que l'Esprit et le Sens, à plus forte raison doivent-elles l'être également au tiers genre seulement disparate à leur égard ou bien à l'Intellect leur intermédiaire naturel. Il importe toutefois de bien observer que l'Intellect, s'appropriant les deux rôles moyens objectifs des genres extrêmes Esprit et Sens, ne les *fait* point, mais seulement se les assimile, ou (pour mieux dire) s'incarne en eux ou se les incorpore ; et tandis que, cela faisant, il s'instrumente ou s'organise par l'adoption d'une forme d'emprunt bien susceptible de faire naître en lui des sentiments ou des motions ($= 1^2$ ou 1^4) analogues aux états secondaires ou primaires des genres Esprit et Sens qui ne lui sont point à proprement parler naturels, il s'expose, s'il n'a garde de s'y prêter avec une extrême modération ou réserve, à contracter en eux un lourd faix ou grave embarras non moins propre à retarder parfois indûment son allure ordinaire ou primitive qu'à l'accélérer en d'autres plus qu'il ne faudrait ou n'eût voulu dans le principe. S'assimilant donc les rôles moyens 1^2 et 1^4, l'Intellect radical ou tout autre Intellect du même genre que le radical doit mettre, à s'exercer *formellement* en agent $= \begin{cases} 1^2 \\ 1^1 \end{cases}$ ou *virtuellement* en agent $= \begin{cases} 1^1 \\ 1^2 \end{cases}$, la même réserve qu'y mettent (sans avoir besoin pour cela de se réserver) les deux autres genres sensible et spirituel, dont le concours indépendant se règle pour ainsi dire de lui-même ou par un bienfait de nature et de perfection interne ayant pour effet infaillible d'échafauder avec une précision mathématique leurs quatre degrés de manifestation objective. Car, ce que l'Esprit et le Sens font infailliblement par instinct ou nature, l'Intellect qui, comme tout spécialement rationnel, n'a plus pour guide ni l'instinct moral de l'un ni l'instinct physique de l'autre, en peut seulement suivre exactement les traces ou marcher avec fidélité sur leurs pas par discrétion ou sagesse, en usant si bien de sa puissance élective ou spontanée d'opération, que, en vue de se maintenir au physique aussi bien qu'au moral en parfait équilibre, il évite scrupuleusement tout écart de la résultante requise, qui pourrait en faire dégénérer le bon vouloir en caprice ou passion. En effet, la passion aveugle, le caprice égare ; et dans les deux cas, on ne peut pas plus se conserver libre et rationnel, que donner à la fois satisfaction aux deux prescriptions opposées du Sens physique ou de l'Esprit moral. Veut-on par conséquent se préserver du double excès d'agir par passion ou caprice : l'infaillible, mais nécessaire procédé seul applicable consiste, non à ne pas agir du tout (chose aussi propre à blesser le Sens ou l'Esprit qu'une attaque directe), mais à le faire sans donner plus de latitude au goût qu'au devoir, en faisant décroître ou croître l'un, comme l'autre décroît ou croît en puissance ou en acte ainsi que l'exige l'équivalence des rôles en espace ou temps. Quiconque agit ainsi, ne reste pas plus en dessous qu'il ne se tient au dessus de la mesure ; il se meut donc en cercle ($e = o$), ou tout au plus il se balance en mouvement elleptique ($e < 1$) ; mais il se garde bien de tout mouvement dangereux parabolique ($e = 1$) et surtout hyperbolique ($e > 1$), l'un prélude d'un arrêt éternel, et l'autre sa consommation.

7. Abordons et formulons maintenant en elle-même la grande difficulté pour la résolution de laquelle nous venons d'entrer dans tous ces détails : cette difficulté provient de la flagrante contradiction apparente inhérente, essentielle même à notre manière de voir : que l'Inconscience *fait* et *ne fait point* simultanément partie de la Conscience, ou bien (en d'autres termes seulement) que l'objectif inconscient et le subjectif conscient sont un et deux tout à la fois. D'après nos précédentes observations, le genre Intellect est ici seul intéressé, seul en cause. Car les deux genres Esprit et Sens censés seulement s'y dérouler en série continué chacun dans leur sphère, indépendamment de ce qu'ils peuvent *librement* agréer comme après coup leur évolution respective ascendante ou descendante, s'y prêtent encore *nécessairement* en principe dans leur manière respective de passer au moins implicitement à travers tous les degrés intermédiaires d'un extrême à l'autre ; c'est pourquoi la marche régulière habituelle n'en est pas seulement facultative mais *absolument infaillible*. Et

cette marche régulière des deux genres Esprit et Sens peut bien sans contredit se reproduire *infailliblement* dans les imitations du genre Intellect cherchant à marcher sur leurs traces ; mais, en premier lieu du moins, elle ne se reproduit plus aussi nécessairement en lui pour deux raisons manifestes : d'abord, il n'est en cela qu'imitateur ou reproducteur, et dès lors il ne s'y porte point naturellement mais pour ainsi dire artificiellement ; puis, il n'a point dans ce cas un seul rôle à reproduire, mais deux rôles, lesquels sont d'ailleurs essentiellement distincts ou même contradictoires, et par suite excluant ouvertement chez lui la nécessité de devenir leur revenant chez les deux autres genres dont ils constituent l'allure exclusive individuelle. Malgré cela, l'exacte reproduction en peut être et rester chez l'Intellect lui-même *infaillible*, mais *relativement* ou moyennant qu'il s'inspire inconditionnellement et résolument avant tout du premier et suprême exercice de chacun des deux autres genres, ou tienne à donner pleine satisfaction aux sentiments innés de l'un ou motions absolues de l'autre, avant de demander à la contingence le complément d'exercice dont ces deux imitations capitales sont les prémisses indispensables. Et sans doute un Intellect ingénu, nommément l'Intellect personnel radical ne saurait manquer à ce premier devoir, et l'accomplit *infailliblement ;* nous ne saurions dire pourtant qu'il s'y conforme nécessairement ou fatalement : il est donc toujours intrinsèquement libre d'y rester perpétuellement fidèle ou d'en dévier suivant les occasions ; c'est pourquoi finalement la première ou dernière raison de sa manière respective d'agir n'est plus, comme pour les deux autres genres, dans la *nature* des choses, mais dans la *liberté.*

La liberté, dont nous faisons en principe l'attribut spécial de l'Intellect, rend, il est vrai, le mal possible ; mais à elle aussi l'honneur de rendre le bien réel ou de l'*objectiver* en le revêtant d'une *forme* et le dotant d'une *force* apparentes. Avant même qu'elle intervienne, l'union radicale des trois genres personnels Sens, Intellect, Esprit, est déjà sans contredit un bien et même le suprême bien ; mais ce bien-là n'est point le fait ou l'œuvre de personne puisqu'il préexiste à tout agir ou devenir, et que les trois êtres relatifs ou personnels y participant en jouissent comme identifiés avant d'apprendre à se distinguer l'un de l'autre, en tirant même de là leur caractère de bonté respective fondé sur leur absolue détermination à rapporter au maintien de ce bien général ou commun tous leurs avantages particuliers imaginables. Par cette intrinsèque et sincère disposition inconditionnelle, évitant constamment d'apporter la moindre entrave au maintien de l'union préexistante, ils apparaissent ou s'apparaissent rejetant chacun, comme en dehors de leur propre existence dès ce moment dédoublée, la note d'individualité distincte de l'essence commune en la façon dont on distingue de tout réel l'imaginaire. Et n'importe après cela que par inversion leur *individualité* se traduise postérieurement d'imaginaire en réelle à son tour : ce changement n'ayant ni ne pouvant avoir chez eux d'effet rétroactif en laisse par là même pleinement intact le sentiment d'*unité* primitive qui leur reste ainsi comme un don de nature, auquel s'ils n'ont pas l'avantage de contribuer en principe, ils adjoignent au moins le mérite de l'entretenir en s'en inspirant dans tous leurs rapports actuels en ressort objectif où s'en peut en tout temps manifester par actes spéciaux ou particuliers le témoignage. Chez eux, le rôle d'*élément* qu'ils jouent à l'égard de l'ensemble, prélude donc toujours à celui de *principe* qu'ils reportent alors exclusivement vers le dehors, et qui s'amoindrit par conséquent proportionnellement au nombre de pas qu'ils font dans cette voie nouvelle. Ainsi, tandis que, posés dans l'unité radicale en éléments absolus, ils y jouissent du troisième degré de la puissance, passant à titre de principe en exercice objectif, ils n'y fonctionnent plus, d'abord, qu'au second degré, puis, qu'au premier, — cette manière de remplir successivement tous les rôles subordonnés de *genre*, d'*espèce* et d'*individualité* ne les empêchant point mais leur permettant plutôt d'user le plus heureusement du monde de leur absolue liberté native et respective, pour ne faire que ce que ferait, par exemple, une activité seulement applicable d'abord en sphère, laquelle bâtissant sur ce fonds commun, se constituerait ensuite successivement en grands cercles égaux, puis en cercles parallèles symétriques, puis encore en rayons distincts toujours égaux mais semblablement convergents ou divergents. Car, nul de ces modes de plus en plus avancés de manifestation régulière ne faisant obstacle au maintien de l'union primitive, on conçoit parfaitement qu'une activité, constituée sur ce type et se donnant des états successifs toujours compatibles, témoigne par ces mêmes états de son aptitude à fonctionner objectivement comme *principe* avec la même perfection dont elle bénéficie déjà subjectivement comme *élément*. Mais, ainsi que nous l'avons déjà dit, le genre radical appelé le premier à fonctionner comme agent libre est l'Intellect, et, comme libre, il doit fonctionner en gérant d'opérations *formelles* et *virtuelles*, dont le cours nouveau pour et par lui n'arrive jamais sans être accompagné de mouvements variés en accélérant ou retardant l'allure primitive. Spontanément émise, cette innovation n'est pas d'ailleurs moins variable de fait que variable en principe. L'introduisant donc, l'Intellect trouve à la fois en elle l'occasion de manifester à la fois la double disposition dont il est animé concernant l'acquis ou le passé d'une part et le possible ou l'avenir de l'autre. Le devoir consistant pour lui dans l'obligation de ne jamais se mettre en opposition avec le passé tout de concorde ou d'union, le droit à la variation dans l'avenir se borne donc concurremment à n'introduire sur ou dans ce fond permanent que de nouveaux états, propres à en mettre de mieux en mieux en relief la valeur intrinsèque ou latente. Abusant de sa liberté naturelle entière, il pourrait alors en vouloir outrer soit l'immanence, soit la variation ; mais, évitant ce double excès, il ne porte pas plus atteinte au passé qu'il ne compromet l'avenir ; et, pour lui, le moyen de se donner ou de se conserver cette allure moyenne irréprochable n'est point le sacrifice absolu ni même la restriction de sa liberté, mais le total emploi de sa liberté même à se renfermer dans son rôle absolu semi-passif et semi-actif de moyen par une sorte d'irrévocable résolution ou propos qualifiable de *vœu*, le condamnant à n'être qu'un non moins fidèle qu'habile interprète des deux autres genres autrement muets sensible et spirituel, à l'instar de tout *écho* reproduisant avec la plus rigoureuse exactitude toutes les modulités du *son* qui lui a donné naissance.

Il y a deux manières de comparer ensemble tout *son* émis et l'écho qui le reproduit ; la première consiste à prendre le Son comme le *principe* et *mainteneur* d'un seul Acte absolu, dont l'Echo ne serait que la *fin ;* suivant la seconde, après avoir considéré le même Acte comme *effet* et *contenu* du *principe* depuis le commencement jusqu'à la *fin* exclusivement, il y aurait lieu de le considérer encore, sauf le moment du début, du commencement à la fin, dans cette même *fin* qui le clôture en le résumant. Effectivement, à ne considérer que l'Activité se déroulant d'un bout à l'autre à titre de *principe* de moins en moins actif, la *fin* n'en serait point *absolument* égale au *prin-*

cipe ; car le même acte d'abord égal à 1 par hypothèse finirait par être égal à 0. Mais, en même temps qu'on considère l'*acte* décroissant de la valeur 1 à la valeur 0, tient-on aussi compte de la passion alors croissante de la valeur 0 à la valeur 1 ; le cas change totalement. Cette fois, en même temps que la *fin* continue, comme *passive*, d'être *relativement* inférieure au principe ou même en dernier lieu nulle à son égard, elle ne laisse point, comme *passive* encore quoique sous un autre point de vue, de se trouver *absolument* avec lui dans un parfait rapport d'égalité ; nous en avons la preuve évidente en ce que, par exemple, au signe près, les deux valeurs $+1$ et -1 sont égales. Ainsi, représentant le genre Sens (ou la *nature* dont il est le fondateur) par $+1$ et l'Intellect (ou la liberté dont il est le siège) par -1, nous les distinguons bien et nous les subordonnons même au besoin infiniment ; mais venons-nous, abstraction faite du signe, à considérer *absolument* l'œuvre accomplie dans les deux ou entre eux, il nous suffit d'observer l'égalité des deux mouvements, l'un descendant mais de plus en plus animé, l'autre ascendant mais de plus en plus étalé, pour comprendre comment là les deux fonctions corrélatives de *principe* et de *fin* peuvent être qualifiées, à la fois, d'inégales sans rapport même possible dans un cas, et d'égales en toute rigueur dans l'autre.

L'égalité régnante entre les deux genres Intellect et Sens n'est donc point, en genre *sensible*, bien entendu (chose essentielle à remarquer), une égalité d'*actions* ni de *passions* prises deux à deux en *couples* ou d'*actions* ou de *passions*, mais une égalité d'*action* et de *passion* absolument envisagées l'une et l'autre. Le genre Sens est d'abord en lui-même tout *actif* et ne *sent* rien encore ; mais, concurremment, le genre Intellect, en soi tout imaginaire et nullement actif encore, en reçoit *passivement* toute l'action et la fait par là même ressortir ou la lui rend *apparente* ou sensible au même degré qu'il l'a déjà reçue. La chose se passe tout autrement dans le cas où, cessant de considérer les deux genres Intellect et Sens en immédiate opposition, on considère le seul genre *Intellect* fonctionnant *subsidiairement* en *Esprit* et *Sens*, en la manière dont le Sens et l'Esprit *absolument* envisagés fonctionneraient entre eux. Absolument envisagés, le Sens et l'Esprit fonctionneraient tour à tour entre eux, l'un en actif et l'autre en passif, comme nous le disions tout à l'heure du *Sens* et de l'*Intellect*. Mais il est clair que, quand l'Intellect entreprend de jouer en lui-même les deux rôles du Sens et de l'Esprit, s'il a soin de ne jamais se dépouiller de son privilège originaire d'agent suprême et libre ($=1^3$), il évitera de jamais s'inféoder à l'un quelconque des deux genres imités, en manière de supplantateur, tâchant d'en évincer le possesseur originaire. Et, si par hasard il lui prend envie de le faire, où pourra-t-il aboutir par cette tentative en ressort étranger, sinon à témoigner de son inaptitude à suppléer, soit l'Esprit infini moral dont il parodiera vainement l'indépendance, soit l'omnipotent Sens physique dont il sera contraint de subir l'irrésistible empire ? Poussant d'ailleurs les choses à l'extrême, il ne pourra dans aucun cas revenir sur ses pas, ni se régler, ni se libérer. Car, comme, plus il s'éprend de l'un des rôles imités, plus il se détache ou dégoûte de l'autre, — l'instinct d'abandonnement au sensible ne cessant point de croître en même temps que l'instinct de résistance diminue, le résultat final de sa téméraire démarche ne peut être qu'un état définitif caractérisé par ce fait capital que, en lui, l'objectif s'est fortifié de toutes les pertes successivement éprouvées par le subjectif, et qu'il en a pris la place.

Il est bien avéré pour nous que l'objectif est, en principe, identique au subjectif, auquel même il se réduit ; et, pour lors, il ne s'en distingue tout au plus qu'imaginairement, comme la chose arrive, quand, au lieu de $A = B$, l'on pose $A = A$. Mais, s'il est possible que relativement tout tourne une fois au subjectif, il doit être également possible que tout tourne une autre fois à l'objectif, et qu'alors, au lieu de $A = A$, l'on ait $A = Z$. La nature opérant radicalement la première inversion, la liberté seule peut opérer après coup la seconde. Le subjectif et l'objectif étant entre eux dans le rapport de l'actif au passif ou de principe à fin, cette seconde inversion se fait donc en apparence au profit de la fin ; mais en réalité, puisque la liberté ne saurait prévaloir sur la nature, elle ne peut que nuire à la fin, ainsi gratuitement favorisée sans effet rétroactif possible. Car, comme au fur et à mesure de l'apparent grossissement de la fin, le principe (ainsi que nous l'avons exposé) se reconstitue dans sa première virulence, ou les deux inversions alternent harmonieusement, ou bien en conflit elles se subordonnent par un entier et perpétuel assujettissement du *libre inconsistant* à l'*invariable naturel*.

8. Partant maintenant des principes établis dans ce travail et profitant des aperçus que nous avons successivement déduits, venons-en à l'examen des nombreuses questions de fait aujourd'hui soulevées avec une énorme difficulté par les psycho-physiologistes à l'occasion des curieux phénomènes d'hypnotisme ou d'hystérie, qu'ils savent d'ailleurs très-bien décrire, mais trouvent jusqu'à cette heure inexplicables, quand dans notre théorie nous pouvons les

regarder comme expliqués ou compris d'avance.

Ne pouvant, ni ne voulant traiter ici de toutes les questions succitées par l'observation des divers phénomènes d'hypnotisme ou d'hystérie, nous nous contenterons d'en énumérer les principaux, tels que ceux de personnalité *simple*, et de personnalité *multiple*, avec considération accessoire de leur *nombre* et de leurs *variétés*. Parlons d'abord de la personnalité simple ou prise en elle-même.

La personnalité simple, qu'on ne saurait définir et qu'on suppose toujours acquise ou d'origine étrangère, est, au point de vue réel, une activité se connaissant et se régissant elle-même et toujours par conséquent *consciente*. La dire alors acquise ou venue du dehors, c'est lui préposer l'*inconscience*; c'est pourquoi, si l'on répute (comme on ne peut s'en dispenser) l'*inconscience* s'ignorant elle-même ainsi que le dehors, on en est réduit à tenir cette dernière pour auteur ou principe de ce qui ne l'ignore ni ne saurait l'ignorer : assertion la plus absurde qu'on puisse imaginer.

Sans doute, maintenant, comme toute conscience *absolue*, la personnalité doit être conçue d'abord individuelle ou simple ; mais ce n'est pas une raison d'en exclure une certaine généralité divisible ou même multipliable. Car, en l'assimilant, par exemple, à la gravitation universelle constituée par l'unique force d'attraction, on est bien forcé d'admettre de suite que, comme de l'*attraction* s'engendrent d'abord les deux forces rivales de *répulsion* et d'*impulsion*, et puis encore d'autres forces en nombre indéfini *physiques*, *vitales* ou *morales*, de même d'une *personnalité* première mais générale, il en peut provenir d'autres même égales, comme à la suite du genre *sensible* radical surviennent les deux autres genres aussi radicaux en même temps que subordonnés *intellectuel* et *spirituel*, ou bien encore toutes les autres personnalités de moindre portée dites *humaines* et *angéliques*, ou *terrestres* et *célestes*. Cette décomposition d'une première unité virtuelle plus ou moins extensive ou puissante en plusieurs autres respectivement subordonnées, mais alors respectivement aussi plus ou moins spéciales ou particulières, nous est offerte dans notre propre constitution physiologique où nous voyons dans un même organisme se ranger sous une même loi les trois systèmes évidemment disparates, et même entre certaines limites indépendants, *alimentaire, nerveux* et *vasculaire*, dont l'*alimentaire* a pour base tout appareil nourricier (estomac ou poumon), le *nerveux* fonctionne au moyen de l'encéphale et de toutes ses dépendances, et le *vasculaire* est surtout représenté par le cœur.

Il est donc facile de comprendre comment et pourquoi la personnalité radicalement simple se trouve être multiple et variable : elle se multiplie à l'instar de toute intégrale une fois donnée, par *différenciation* en *degrés* d'abord, et par *nuances de variation* ensuite. La différenciation par degrés nous en donne trois consécutives ; la nuance de simple variation nous en donne trois simultanées ; mais on peut encore procéder pas à pas dans les deux cas, et l'on se trouve alors successivement en présence, sans détriment d'une première personnalité fondamentale unique, d'une, de deux, de trois, ou même de quatre ou cinq ou six (1) personnalités, toutes corrélatives entre elles et néanmoins respectivement indépendantes dans une certaine mesure très exactement déterminable en chaque cas particulier.

Quant aux autres questions que nous croyons superflu d'aborder ici, l'on en trouvera, pour peu qu'on veuille s'en donner la peine, la solution dans le cours de ce travail. Il n'est donc pas vrai de dire avec M. Héricourt (*Revue Scientifique* du 31 août 1889) : « Nous ne connaissons absolument rien du mécanisme intime des fonctions psychiques. » Une fois muni des vrais principes philosophiques, on en connaît le mécanisme, et le dynamisme, et tout ce qu'on en peut vouloir connaître, depuis les faits les plus réguliers, jusqu'aux plus irréguliers et plus étranges, extraordinairement offerts par les activités libres en quelque sorte décrépites, non moins jalouses de s'établir en principes de variabilité capricieuse, qu'en sièges ou termes de complet encroûtement.

(1) Marc. V. 7. *Et interrogabat eum* (Spiritum immundum) *quod tibi nomen est. Et dicit ei: Legio nomen est, quia multi sumus.*

TABLE DES MATIÈRES

Avant-Propos 88
Origine de l'inconscience 1
Priorité de la conscience sur l'inconscience en ordre successif 2
Prépondérance de la conscience sur l'inconscience en ordre simultané 3
Nature de l'inconscience ou ses traits essentiels et caractéristiques 4
Rôles respectifs variables et constants de la conscience et de l'inconscience 5
Inconscience ou conscience en rapport avec la liberté 7
Quelques cas d'application psychologique 8

FIN DE LA TABLE

www.ingramcontent.com/pod-product-compliance
Lightning Source LLC
LaVergne TN
LVHW050633090426
835512LV00007B/832